Orlick · Kooperative Spiele

Terry Orlick

Kooperative Spiele

Herausforderung ohne Konkurrenz

Aus dem Englischen übersetzt
von Barbara Murakami

Beltz Verlag · Weinheim und Basel 1982

Titel der Originalausgabe: The Cooperative Sports and Games Book

CIP-Kurztitelaufnahme der Deutschen Bibliothek

Orlick, Terry:
Kooperative Spiele : Herausforderung ohne Konkurrenz / Terry Orlick. Aus d. Engl. übers. von Barbara Murakami. - Weinheim ; Basel : Beltz, 1982. -
(Beltz-Praxis)
Einheitssacht.: The cooperative sports and games book <dt.>
ISBN 3-407-62062-4

Gesamtherstellung: Beltz Offsetdruck, 6944 Hemsbach über Weinheim
Seriengestaltung des Umschlags: G. Stiller, Taunusstein
Printed in Germany

ISBN 3 407 62062 4

Den Frauen dieser Welt

dafür, daß sie ein wenig geistige Gesundheit erhalten in unseren Kindern, unseren Spielen, unserer Existenz und dafür, daß sie mir ein wenig berechtigte Hoffnung für die Zukunft geben.

(Widmung in der Originalausgabe)

Inhaltsverzeichnis

Danksagung

An unserer kooperativen Spielbewegung sind so viele Menschen beteiligt, daß es schwer zu sagen ist, wer was beigetragen hat oder wie sich die wohlverdiente Anerkennung aussprechen läßt. Sie ist wirklich eine kooperative Leistung. In unserem Zentrum in Ottawa haben wir Spiele erfunden, Spiele modifiziert und Spiele aus anderen Spielen gewonnen. Ich bin all jenen zu tiefem Dank verpflichtet, die mit mir zusammengearbeitet haben an dem Versuch, heutige Spiele zu humanisieren. Wenn sie auch zu zahlreich sind, um namentlich genannt zu werden, so haben sie doch einen besonderen Platz in meinem Herzen inne.

In einigen Fällen haben wir Spiele aus Quellen gewonnen, die außerhalb unserer unmittelbaren Erfahrung lagen, und wir waren in der Lage, die Quellen aufzuspüren. Folgenden Urhebern möchte ich gern meinen Dank erweisen: Ken Burridge für Taketak; Jack Coberly für Fallschirm und Schlangenschütteln; Dan Davis für Kooperative Aktivitäten am Schwebebalken; Jim Deacove für Pflock; Andrew Fluegelmann und die New Games Foundation für Kinderknoten, Aura, Aktion Müllsack, Nachlaufen mit Umarmen und Wasserballonwerfen; Gerry Glassford für die Eskimospiele; Marta Harrison und das Non Violence and Children Program für Name und Bewegung, Piep, Nonverbale Geburtstagsreihe, Kinderbrezel und Wasserweitergeben; A. A. MacFarclan für Mannschaften wählen; Pierre Provost für Menschliche Stützen und Riiiiesenweitsprung; Ian Robertson und L. Ager für Unendliches Murmelspiel; und A. Rosensteil für die Spiele aus Neuguinea.

Mein besonderer Dank gilt auch jenen, die mir so sehr geholfen haben beim Erfinden, Erproben, Verbessern und Verbreitern unserer kooperativen Spiele: Cathi Foley, Sally Ohlsen, Jane McNally, Roberta Haley, Pierre Provost, Joy Slack, Marc Blais, Barb Lavergne, Kim

Stairs, Penny Kome und Barb Champion wie auch dem Bayshore Kindergarten und den teilnehmenden Schulen des Carleton Schulsystems und Wendy Wolf von Pantheon Books. Es gibt so viele kooperative Leute wie kooperative Spiele. Dies ist der Grund, warum wir weitergekommen sind.

Wer braucht Spiele, die niemand verliert?

Haben Sie schon einmal erlebt, wie bei dem Spiel eines Kindes der Spaß plötzlich weg war? Haben Sie schon einmal erlebt, wie Kinder durch Spiele abgehängt, ausgeschaltet, zurückgesetzt worden sind, wie man ihnen absichtlich wehgetan hat, und haben Sie sich dann gefragt, woran das liegen könnte? Dann sind die Spiele in diesem Buch etwas für Sie! Sie entstammen gerade diesen Überlegungen und liefern eine ausdrückliche Alternative zu Wettspielen. Was ist an diesen Spielen so anders? Es sind Spiele der gegenseitigen Akzeptierung, der Kooperation und des Anteilhabens, die Kinder, Familien und Gemeinden einander näherbringen können im Geist kooperativen Spiels. Sie sind sorgfältig erdacht und bearbeitet worden, so daß Kinder Spaß haben können, während sie etwas Positives lernen über sich selbst, über andere und darüber, wie sie sich in der Welt verhalten sollten.

Der Hauptunterschied ist, daß im kooperativen Spiel alle miteinander kooperieren... alle gewinnen... und niemand verliert. Kinder spielen miteinander statt gegeneinander. Diese Spiele beseitigen die Furcht vor dem Versagen und das Gefühl des Versagens. Sie bestätigen auch erneut das Vertrauen des Kindes in sich selbst als akzeptabler und wertvoller Mensch. In den meisten (neuen oder alten) Spielen bleibt diese Bestätigung dem Zufall überlassen oder wird nur einem einzigen Spieler zuteil. Bei kooperativen Spielen ist sie in den Spielen selbst angelegt.

In diesem Buch geht es durchweg ebenso um die Qualität des Lebens von Kindern wie um die Qualität ihrer Spiele. Spiele können wunderbare Gelegenheiten bieten für Herausforderung, Stimulation, Selbstbestätigung, Erfolg oder einfach für Spaß. Um eben diese Dinge geht es in kooperativen Spielen.

Obwohl man in vielen Kulturen jahrhundertelang Spiele kooperativ gespielt hat, werden in unserer Kultur heute nur sehr wenige Spiele gespielt, die speziell so gestaltet sind, daß alle Spieler auf ein gemeinsames, für alle wünschenswertes Ziel hinarbeiten. Wirklich kooperative Spiele, bei denen es keine Verlierer gibt, sind in der westlichen Kultur äußerst selten. Ihre Wiederentdeckung ist etwas, auf das wir uns freuen und von dem wir profitieren können.

Die ersten kooperativ strukturierten Spiele, die mir begegnet sind, waren diejenigen, die ich mit den Inuit (Eskimos) in entlegenen Regionen der kanadischen Arktis gespielt habe, und diejenigen, die ich selbst erfunden habe. Die für dieses Buch erfundenen kooperativen Spiele stammen hauptsächlich aus meiner Arbeit (und meinem Spiel) mit Studenten, Eltern, Lehrern und Kindern aus verschiedenen Teilen der Welt während der letzten fünf oder zehn Jahre.

Die Schönheit dieser Spiele liegt teilweise in ihrer Vielseitigkeit und Anpassungsfähigkeit. Größtenteils erfordern kooperative Spiele wenig oder gar kein Material und praktisch keine Geldausgaben. Sie lassen sich einsetzen bei einer Vielfalt von Teilnehmern und unter unterschiedlichen äußeren Bedingungen. Jeder kann sie spielen und fast überall. Die „Regeln“ oder Nichtregeln der einzelnen Spiele brauchen nicht streng eingehalten zu werden. Einzelheiten kann man sich für den jeweiligen Fall selbst erarbeiten. Man braucht zum Spielen keine bestimmte Art von Ball oder Spielfeld. Man braucht nicht einmal von vorher festgelegten Positionen aus oder für vorher festgelegte Zeiten zu spielen. Diese Dinge sind wirklich nicht wichtig. Wichtig ist das Konzept, auf dem die Spiele aufbauen.

Um diese „neue“ Art des Spielens zu lernen, ist unter Umständen Geduld erforderlich, besonders, wenn die Teilnehmer zuvor nie kooperativ gespielt haben. Jedoch bei entsprechender Herausforderung, vernünftiger Anleitung, häufiger Wiederholung und konstruktivem Beitrag der Spieler zu kooperativen Veränderungen werden die Spiele sich in positiver Richtung entwickeln. Wenn Leute einmal den Übergang schaffen und anfangen, kooperativ zu spielen, werden die Sorgen um Kontrolle und Regeln gewöhnlich minimal. Die Spieler beginnen, ihr eigenes Verhalten zu „kontrollieren“ und zu „leiten“ und sorgen auch für jedermanns Sicherheit beim Spiel.

Die in diesem Buch vorgestellten Spiele sind auf Kinder zugeschnitten und an ihnen erprobt worden, aber sie sind nicht auf Kinder beschränkt. Viele Teenager und Erwachsene möchten vielleicht ihrer Kindheit nochmals einen Besuch abstatten oder ihr Erwachsenenleben bereichern durch einige dieser Unternehmungen, die so viel Spaß machen können.

Die für diese Spiele angegebenen Alterskategorien sollten nur als eine ungefähre Leitlinie dienen. Die Spiele können ohne weiteres spezifisch ausgewählt oder adaptiert werden von Kindern, Jugendlichen und Erwachsenen jeden Alters, um zu gewährleisten, daß sie genau geeignet sind und bleiben für die spezifischen Bedürfnisse der Gruppe.

Die Notwendigkeit von Alternativen

So wie die Fabrik zu einem Modell für die Organisation von so vielen Dingen im westlichen Leben geworden ist, sind auch die Spiele von Kindern industrialisiert worden. Die Betonung von Produktion, Orientierung an Maschinen und Überspezialisierung ist mittlerweile in Spielen ebenso verbreitet wie in der Industrie. Die Spiele selbst sind starr, wertend, hochorganisiert und übermäßig zielorientiert geworden. Man ist nicht frei von Druck durch Beurteilung und von psychischen Qualen bei Mißbilligung. Am Ende läßt die Konzentration, aus jedem einzelnen das Äußerste herauszupressen, keinen Raum mehr für einfachen, guten, alten Spaß.

Kinder in Spielen gegeneinander aufzuhetzen, wo sie wie wild miteinander konkurrieren um etwas, das nur wenige erreichen können, garantiert Versagen und Zurückweiung für die vielen übrigen. Viele Spiele und Programme für Kinder sind im Grunde genommen auf Aussonderung angelegt. Viele sorgen dafür, daß einer gewinnt und alle anderen verlieren, und lassen „Ausgemusterte“ und „Drop-outs“ aus dem Sport die große Mehrheit in unserer nordamerikanischen Gesellschaft bilden. Um die Sache noch zu verschlimmern, fangen die Spiele neuerdings an, die Sieger selbst kaputtzumachen. Kinder werden dazu ermuntert, sich am Versagen anderer zu ergötzen. Sie hoffen darauf, sie tragen dazu bei, weil es ihre eigenen Siegeschancen vergrößert. Kleine Kinder irrationaler Konkurrenz auszusetzen, lehrt sie nicht, in gesunder Weise miteinander zu konkurrieren; es drängt sie lediglich in Konkurrenz hinein. Wenn sie heranwachsen, sind sie dermaßen auf die Wichtigkeit des Sieges konditioniert, daß sie nicht mehr in der Lage sind, um des Spaßes, um des Vergnügens willen zu spielen. Sie haben nicht gelernt, einander zu helfen, sensibel zu sein gegenüber den Gefühlen anderer oder in einer freundlichen, spaßhaften Weise miteinander zu konkurrieren, selbst wenn sie es wollen. Wenn es zum Versagen kommt, und dies geschieht oft, lernen viele Kinder, Konkurrenz zu meiden, sich zurückzuziehen. Versagen in Spielen kann Kindern außerdem völlig ungerechtfertigte „schlimme Dinge" über sich selbst lehren.

Kinder, die mit Kooperation, Akzeptierung und Erfolg aufwachsen, haben eine viel größere Chance, ein starkes Selbstkonzept zu entwikkeln, so wie Kinder, die mit einer ausgewogenen Kost aufwachsen, eine größere Chance haben, einen starken und gesunden Körper zu entwikkeln. Sollen wir kleinen Kindern wirklich gleich zu Beginn ungesunde oder unausgewogene Kost geben („damit sie sich daran gewöhnen")? Oder sollen wir sie sich so gesund wie möglich für so lange wie möglich entwickeln lassen (ehe sie auf allen möglichen Unsinn konditioniert werden)? Wenn Körper und Geist sich noch im Entwicklungs- und Bildungsprozeß befinden, ist es dann nicht besser, jedem Kind eine gute Startbasis zu geben? Wird es dadurch nicht befähigt, im späteren Leben einer Vielfalt von Situationen zu begegnen und besser mit ihnen fertigzuwerden?

In einer Untersuchung an erfolgreichen und nicht erfolgreichen Bewerbern für Fußballteams an High Schools kam Harvey Scott von der Universität von Alberta zu dem Schluß, daß

„das Mißerfolgserlebnis im Sport zu einer starken Ausbreitung von negativen Wirkungen auf andere Aspekte des Selbst zu führen schien. Für die Mehrheit der Jungen, die an dem Ausscheidungsspiel teilnahmen und die notwendigerweise versagten, war das Ausscheidungsspiel eher ein selbstzerstörendes als ein selbstaufwertendes Erlebnis... Die charakterbildenden Wirkungen für die Erfolgreichen beim Sport scheinen oft auf Kosten der Ausgeschiedenen und Drop-outs erzielt zu werden, die diese Mißerfolge irgendwie in ihr Selbstbild einbauen müssen."

In einer weiteren Untersuchung stellte Howie Hyland von der Universität von Ottawa fest, daß Kinder der achten Klasse, die Leibeserziehung abwählten, ein niedrigeres Selbstwertgefühl hatten, ihre Fähigkeit im Sport geringer einschätzten und eine negativere Wahrnehmung ihres Körpers hatten als Gleichaltrige, die sich dafür entschieden, Leibeserziehung zu wählen. Es ist wahrscheinlich, daß diese negativen Selbstwahrnehmungen zumindest teilweise dadurch beeinflußt waren, daß die

Kinder Versagen und Zurückweisung in Spielen ausgesetzt waren, denn in ihren Entwicklungsjahren verbringen Kinder viel Zeit mit Spielen.

Die Ergebnisse von Untersuchusngen wie dieser heben die Notwendigkeit hervor, einzelne Spiele und ganze Sportprogramme zu entwikkeln, in denen alle Teilnehmer akzeptiert werden und zumindest einen mäßigen Grad an Erfolg erleben können. Wenn Kinder meinen, daß sie gewonnen haben, brauchen sie sich nicht bedroht oder ängstlich zu fühlen, sie haben allen Grund, glücklich über sich selbst und zufrieden mit dem Erlebnis zu sein. Die Furcht vor Versagen zusammen mit dem Kummer und der Frustration, die mit Versagen verbunden sind, werden reduziert, wenn Fehler nicht als Angelegenheiten von Leben oder Tod angesehen werden. Kooperative Unternehmungen, in denen es keine Verlierer gibt, zusammen mit freundlichem Wettstreit geringen Grades, der die Bedeutung des Ergebnisses herabsetzt, machen die Kinder frei, das Erlebnis des Spielens an sich zu genießen. Sie erhalten eine neue Freiheit, von ihren Fehlern zu lernen, anstatt zu versuchen, sie zu verbergen. Wenn Kinder wissen, daß durch die Punkte in einem Spiel ihr Wert als Person nicht zerstört wird, kann man Spiele und Spielkameraden in einem neuen Licht betrachten.

Ein erfolgreiches kooperatives Spiel hat vier wesentliche Bestandteile: Kooperation, Akzeptierung, Beteiligung und Spaß.

Warum Kooperation?

Kooperation steht in direktem Zusammenhang mit Kommunikation, Zusammenhalt, Vertrauen und der Entwicklung von Fertigkeiten positiver sozialer Interaktion. Durch kooperative Unternehmungen lernen Kinder zu teilen, sich in andere hineinzuversetzen, die Gefühle anderer zu berücksichtigen und darauf hinzuarbeiten, miteinander besser auszukommen. Die Teilnehmer an dem Spiel müssen einander helfen, indem sie als Einheit zusammenarbeiten – wobei jeder Spieler ein notwendiger Teil dieser Einheit ist und einen bestimmten Beitrag zu leisten hat – und indem sie niemanden aus dem Geschehen ausschließen und herumsitzen lassen, bis er vielleicht eine Gelegenheit zum Spielen erhält. Die Tatsache, daß Kinder zusammenarbeiten auf ein gemeinsames Ziel hin statt gegeneinander, verwandelt destruktive Reaktionen unmittelbar in hilfreiche: die Spieler spüren, daß sie ein akzeptierter Teil des Spiels

Je mehr wir zusammenkommen

sind und fühlen sich demnach vollkommen beteiligt. Das Ergebnis ist ein Gefühl, etwas zu gewinnen, nicht, etwas zu verlieren.

Warum Akzeptierung?

Gefühle der Akzeptierung stehen in direktem Zusammenhang mit erhöhtem Selbstwertgefühl und allgemeinem Glücksempfinden – so wie Zurückweisung in einem direkten Zusammenhang mit einer Verminderung des Selbstwertgefühls steht. Bei kooperativen Spielen hat jedes Kind eine bedeutungsvolle Rolle innerhalb des Spiels, wenn es sich einmal dafür entschieden hat, sich zu beteiligen. Jedes Kind ist auch zumindest teilweise verantwortlich für die Erreichung eines Ziels oder für den erfolgreichen Abschluß des Spiels.

Warum Beteiligung?

Beteiligung steht in direktem Zusammenhang mit einem Gefühl der Zugehörigkeit, einem Gefühl, einen Beitrag zu leisten, und mit Zufriedenheit mit der Aktivität. Auszuscheiden, abgehängt oder ignoriert zu werden wird zweifellos als eine Art der Zurückweisung erlebt. Kinder möchten Teil des Geschehens sein, nicht abseits stehen. Dieser Wunsch nach Beteiligung ist stets vorhanden, es sei denn, natürlich, sie *erwarten* es, gedemütigt oder zurückgewiesen zu werden.

Warum Spaß?

Wir sollten niemals die Tatsache aus den Augen verlieren, daß der wichtigste Grund, warum Kinder überhaupt spielen, der ist, daß sie Spaß haben wollen. Ohne Spaß, ohne ein Gefühl von Glück, kann kein Kind nur ein freudloses Spiel erleben. In kooperativen Unternehmungen wird das Element des Spaßes verstärkt, da Kinder frei werden, mit anderen um des Spaßes willen zu spielen, ohne Furcht vor Versagen oder Zurückweisung und ohne irgendeine Notwendigkeit zu Destruktivität. Gemeinsames Anteilhaben erhöht das Erleben von Spaß.

Wenn diese vier Komponenten miteinander verbunden werden, um das Spiel eines Kindes hervorzubringen, gibt es keine verletzten Selbstkonzepte mehr, keine Gründe mehr für Tränen, nichts mehr zu fürchten. Alle Kinder werden dazu befreit, sich nach den Spielen irgendwie bereichert zu fühlen. Wozu sollte das Spiel eines Kindes sonst dienen?

Spiele für Kinder von drei bis sieben

Kinder in diesem Alter mögen viel Abwechslung, aber sie mögen es auch, einige wenige Spiele sehr gut kennenzulernen und sie immer und immer wieder zu spielen. Sie scheinen eine Mischung von aktiven und passiven Spielen gernzuhaben, einige fordernde und andere mit sehr wenig Forderung oder gar keiner.

Selbst Dreijährige sind sehr wohl in der Lage, einige der in diesem Abschnitt beschriebenen Spiele zu spielen, und sie können lernen, als eine Einheit zusammenzuarbeiten, wenn die Spiele in sehr klare und einfache Schritte zerlegt werden. Es ist auch interessant festzustellen, daß diese jüngere Gruppe (drei bis sieben) so beeinflußbar ist, daß man nach vielleicht acht Wochen angeleiteten kooperativen Spiels als Nebenwirkung Kooperation auch in anderen (nicht angeleiteten) Aktivitäten sehen kann. Die findet man bei älteren Kindern vielleicht nicht so leicht.

Spiele zum Aufwärmen

● *Liebhalten.* Die Kinder nennen es Liebhalten, und es ist eine vortreffliche Aufwärmübung zur Eröffnung einer kooperativen Spielsitzung. Es wird flotte Musik gespielt, während die Kinder im Raum herumspringen. Wenn die Musik abbricht, hält jedes Kind ein anderes ordentlich lieb. Die Musik geht dann weiter, und die Kinder springen wieder herum (wenn sie wollen, mit Partnern). Das nächste Mal, wenn die Musik abbricht, halten mindestens drei Kinder einander lieb. Während das Spiel weitergeht, halten immer mehr Kinder einander lieb, bis sich schließlich alle in einer Riesenumarmung zusammenquetschen.

Kooperatives Reifenspiel

● *Kooperatives Reifenspiel.* Dies ist eine sehr gute Aktivität zur Einführung der Idee der Zusammenarbeit bei sehr kleinen Kindern. Die Hula-Hoop-Reifen liefern eine Struktur, in der zwei oder mehr Kinder miteinander spielen können, und wir haben deshalb festgestellt, daß die Reifen ein effektives Mittel sind, am Anfang Kooperation unter Drei- und Vierjährigen zu fördern. Zu Beginn teilt sich die Gruppe in Paare auf, und jedes Paar steht innerhalb eines einzelnen Reifens. Jedes Kind innerhalb des Reifens hält seinen Teil des Reifens hoch (gewöhnlich bis Taillen- oder Schulterhöhe). Es läuft Musik, während die Kinder im Raum herumspringen, wobei sie in ihrem Reifen bleiben. Dazu müssen die beiden Kinder sich in derselben Richtung bewegen und mit derselben Geschwindigkeit. Jedesmal, wenn die Musik abbricht, tun sich die Kinder von zwei verschiedenen Reifen zusammen, indem sie ihre Reifen aufeinanderschichten und sich hineinstellen. Dieser Prozeß geht weiter, bis so viele Kinder wie möglich sich innerhalb von so vielen aufeinandergeschichteten Reifen wie möglich befinden (und sie hochhalten). Das Spiel endet gewöhnlich mit etwa acht Kindern in einem Reifen.

Das kooperative Reifenspiel kann auch gespielt werden *wie* Kooperative Reise nach Jerusalem (vgl. S. 48). In diesem Fall bleiben die Reifen an einem festen Platz auf dem Boden liegen, und die Kinder hüpfen um sie herum und springen in sie hinein. Jedesmal, wenn die Musik abbricht, wird ein Reifen weggenommen, und alle Kinder arbeiten zusammen, um sicherzustellen, daß jeder (oder ein bestimmter Teil von jedem) Teil der (des) restlichen Reifen(s) wird. Nebenbei bemerkt: Wenn das Warenhaus an Ihrem Ort zufällig keine Hula-Hoop-Reifen mehr hat, lassen sie sich oft leicht über Sportartikelgeschäfte bestellen.

● *Das ist mein Freund (Vorstellspiel der kleinen Leute)* Anfänglich benutzten wir dieses Spiel als Hilfe, um die Namen der Kinder kennenzulernen und den Kindern zu helfen, die Namen der anderen kennenzulernen. Das Spiel beginnt damit, daß die Kinder im Kreis sitzen und einander an der Hand halten. Wenn die Kinder den Namen desjenigen, der jeweils unmittelbar links neben ihnen sitzt, noch nicht kennen, fragen sie ihn. Ein Kind bringt die Sache dann in Gang, indem es diese Person dem Rest der Gruppe vorstellt: „Das ist mein Freund *John.*" Wenn es den Namen seines Freundes sagt, hebt es dessen Hand in die Luft. Sein Freund stellt dann die Person zu seiner Linken in der gleichen Weise vor und hebt deren Hand hoch. Dies geht weiter, bis jedermann vorgestellt ist und sich alle Hände in der Luft befinden, wobei jeder weiterhin die Hand seines Freundes, der ihn vorgestellt hat, und des Freundes, den er vorgestellt hat, hochhält.

Nachdem wir dieses Spiel erfolgreich mit Fünf- und Sechsjährigen gespielt hatten, versuchten wir es mit Vorschulkindern. Es dauerte fünf oder sechs Sitzungen, ehe es reibungslos funktionierte. Die Kinder hatten nie zuvor jemand anders vorgestellt. Bis zu diesem Zeitpunkt war Vorstellen immer eine „Ich"-Angelegenheit, keine „Wir"-Angelegenheit gewesen, Als sie jedoch den Dreh einmal heraushatten, rannten sie jedesmal, wenn sie in die Turnhalle kamen, sofort zu der blauen Matte in der Mitte der Halle und spielten ihr kleines Vorstellspiel, ehe sie zu anderen kooperativen Unternehmungen übergingen. Etwas ältere Kinder (Fünf-, Sechs- und Siebenjährige) können über die Namen hinausgehen und anfangen, ihren Freunden ein paar einfache Fragen zu

Kooperatives Reifenspiel

stellen, um zusätzliche Informationen zu bekommen, die sie mit anderen teilen können (z. B. „Das ist meine Freundin Barbara. Sie hat einen Hund. Sie malt gern.“) Wir haben diesen Ansatz für den Gebrauch in älteren Gruppen angepaßt, indem wir sie baten, in vier oder fünf Minuten so viele Dinge wie möglich über ihren neuen Bekannten herauszufinden (oder etwas Neues über einen alten Freund), und indem wir sie dann ihren neuen Freund vorstellen ließen. In einigen Spiel-Workshops für Erwachsene beginne ich mit dem Vorstellspiel der kleinen Leute, aber die Erwachsenen müssen zusätzlich zum Namen ein weiteres Stück Information herausfinden.

● *Name und Bewegung.* Dies ist ein weiteres Namenspiel, das recht aktiv ist und kleineren Kindern Spaß macht. Zu Beginn stehen sie in einem Kreis. Der Reihe nach sagt jeder Spieler seinen Namen und macht zu jeder Silbe eine Bewegung. Während Jane Snowshoe zum

Beispiel „Jane“ sagt, hebt sie die Hand. Bei „Snowshoe“ stampft sie zur ersten Silbe mit dem einen Fuß auf, zur zweiten Silbe mit dem anderen Fuß. Dann sagt die Gruppe gemeinsam „Hallo, Jane Snowshoe“ und wiederholt ihren Namen und ihre Bewegung zweimal. Dann ist der zweite Spieler an der Reihe. Der Spielleiter versucht, das Tempo flott und lebendig zu halten.

Gruppenpuzzles

● *Partner.* Die Kinder rennen, hüpfen, springen oder wirbeln mit einem Partner durch die Turnhalle. Die Vierjährigen halten zu Anfang einen Partner an der Hand und sind am Schluß mit vielen Partnern verbunden. Sie spielen dieses Spiel gern mit Musik. Die Fünf- und Sechsjährigen flitzen zu Anfang gewöhnlich allein durch den Raum, und bei dem Signal „Partner“ suchen sie sich schnell in ihrer Nähe einen Partner, halten ihn an der Hand und „gefrieren“ zusammen, wo sie gerade stehen. Die Kinder lassen nun einander wieder los, und ein Kind wird zum Spiegel und imitiert alles, was das andere Kind tut. Jeder Partner wird einmal Spiegel. Dann rennen die Kinder wieder durch den Raum, bis sie „Partner“ hören. Diesmal sucht sich jedes Kind einen neuen Partner. Wenn nötig, kann Vorstellen („Hallo, Partner. Ich bin Jane. Und wie heißt Du?) in dieses Spiel eingebaut werden, um den Kindern zu helfen, gegenseitig ihre Namen kennenzulernen.

● *Gemeinsam Zahlen, Formen und Buchstaben bilden.* Die Kinder spielen dieses Spiel mit einem oder mehreren Partnern. Fragen Sie sie, ob sie eine bestimmte Zahl, eine Form (z. B. Kreis, Dreieck, Quadrat) oder einen Buchstaben mit ihrem Körper darstellen können. Wie, können sie selbst entscheiden, solange jeder aus ihrer Gruppe daran beteiligt ist.

Bei einer Gelegenheit bildeten Vierjährige einen Kreis von Köpfen; Fünf- und Sechsjährige machten wunderbare Dreien; und Siebenjährige machten ordentliche Xe und sogar Doppel-Xe. Ich habe festgestellt, daß Zahlenbilden sehr gut funktioniert mit drei kleinen Körpern. Bei den meisten Aufgaben können die Kinder jedoch selbst die Zahl der Körper festlegen, die sie für ihr jeweiliges Vorhaben benötigen. Älter Kinder können sich zusammentun und mit ihren Körpern Wörter schreiben (zum Beispiel ihren Namen, oder sie können als ganze Klasse einen

Gemeinsam Zahlen, Formen und Buchstaben bilden

Gemeinsam Zahlen, Formen und Buchstaben bilden

Riesenschildkröte

„Körpersatz" schreiben. Dieses „Gemeinsamkeits"-Spiel läßt sich auch mit verschiedenen Altersgruppen im Wasser spielen. Die Kinder finden gewöhnlich ihre eigene Methode, damit es funktioniert.

- *Riesenschildkröte.* Eine Gruppe von etwa sieben oder acht Kindern kriecht auf allen vieren unter einen großen „Schildkrötpanzer" und versucht, die Schildkröte sich in einer Richtung bewegen zu lassen. Eine Turnmatte eignet sich gut als Panzer; setzen Sie Ihre Phantasie ein, um weitere Materialien zu finden, wie einen großen Bogen Pappe, eine Plastikplane, eine Decke, eine Zeltbahn oder eine Matratze.

Als wir dies zuerst mit Fünfjährigen ausprobierten, bewegten sich die Kinder alle in unterschiedliche Richtungen, und der Schildkrötpanzer fiel auf den Boden. Aber es dauerte nicht lange, bis sie erkannten, daß sie zusammenarbeiten mußten, damit die Schildkröte sich bewegte. Als wir dies zuerst mit Vierjährigen ausprobierten, legten sich die Kinder, sobald der Panzer ihnen gemeinsam auf den Rücken gesetzt worden war, alle hin und rollten sich zusammen. Nachdem wir ihnen sorgfältig erklärt hatten, daß sie auf allen vieren bleiben mußten, wenn die Schildkröte sich bewegen sollte, hievten wir ihnen den Panzer wieder mit Schwung auf den Rücken. Sie legten sich alle hin. Wir waren noch nicht bereit, aufzugeben, so versuchten wir, die Schildkröte sich ohne ihren Panzer umherbewegen zu lassen (gemeinsames Kriechen in einer Richtung). Das klappte gut. Ich dachte mir: „Diesmal, wenn der Panzer auf seinen Platz gesetzt wird, klappt es bestimmt." Es klappte nicht! Ich dachte daran, eine lebendige Schildkröte mitzubringen, damit die Kinder sie beobachten und ihr folgen könnten, oder ein authentisch aussehendes Schildkrötoberteil herzustellen aus irgendwelchem leichten, ausgestopften Material. Aber ehe ich diese Gedanken in die Tat umsetzen konnte, hatten diese kleinen Vierjährigen die Idee der Riesenschildkröte bereits wunderbar verwirklicht.

Sechs- und Siebenjährigen kann es Spaß machen, die Schildkröte über einen Berg laufen zu lassen (eine Bank genügt) oder über eine Hindernisbahn, ohne den Panzer zu verlieren. Fünfjährigen bereitet es auch Vergnügen, dieses Spiel zu spielen nach dem Thema von „Die Schildkröte und der Hase"; wie in der Fabel hält sich die Schildkröte an eine gerade Linie, und der Hase (drei kleine Leute, die gemeinsam hüpfen) läuft überall im Zickzack herum.

● *Riesenschlange.* Haben Sie schon einmal eine Schlange aus kleinen Leuten gesehen, die sich durch den Wald schlängelt und windet und zischelt? Wenn nicht, sollten Sie sich von Ihren Kindern die Riesenschlange vorstellen lassen. Zu Beginn legen sich die Kinder auf den Bauch und halten die Knöchel desjenigen fest, der vor ihnen liegt. Auf diese Weise bilden sie eine Schlange aus zwei Leuten, die auf dem Bauch über den Boden gleitet. Bald verbinden sie sich zu einer Vier-Leute-Schlange, einer Acht-Leute-Schlange und so weiter, bis die ganze Gruppe aus einer Riesenschlange besteht. Bei verschiedenen Längen probieren die Kinder gern aus, ob sie die gesamte Schlange auf den Rücken drehen können, ohne daß sie auseinanderfällt. Die Schlange kann auch über „Berge„ gehen, durch „Löcher" oder „Bäume" hinauf, oder sie kann sich zusammenrollen und schlafenlegen. Für diese letzten beiden Kunststücke braucht man eine koordinierte Schlange. Was den Kindern anscheinend am meisten Vergnügen bereitet, ist, die gesamte Schlange zusammenzubringen.

Nach acht Monaten Übung mit der Riesenschlange haben unsere Kindergartenkinder nun eine Schlange, die Kunststückchen vorführen kann wie sich auf die andere Seite rollen und Aufstehen.

Riesenschlange

- *Friedliches Tauziehen.* Im Gegensatz zum üblichen Tauziehen, wo Teams gegeneinander arbeiten und das Tau in entgegengesetzter Richtung ziehen, können die Kinder bei Friedlichem Tauziehen ein einziges Seil festhalten, um kooperativ das Ziel zu erreichen. Alles, was Sie brauchen, sind etwa zwanzig Springseile und ein paar kooperative Kinder. Die Kinder teilen sich in Gruppen auf und versuchen, mit einem Seil bestimmte Muster zu bilden. Für ein Dreieck zum Beispiel werden drei Kinder benötigt, die leicht ziehen, um das Seil an einem bestimmten Punkt straff zu halten. Es können verschiedene Buchstaben und Formen eingeführt werden, die mehr Ecken und Windungen in dem Seil erfordern, was seinerseits zu mehr Gruppeninteraktion anregt. Es können sich dann verschiedene Gruppen zusammentun, um kompliziertere Muster zu formen. Schließlich können alle Seile miteinander verbunden werden, und die gesamte Klasse kann als ein kooperatives Team zusammenarbeiten bei der Bildung der Formen. Um dieses Spiel aktiver zu machen, können die Kinder zu einem bestimmten Punkt rennen, ehe sie ihre Form bilden. In diesem Fall halten alle Mitglieder des Teams, während sie rennen, Kontakt zu dem Seil (sie können es sich

Raupe über'n Berg

über die Schulter werfen, sich selbst damit umzingeln oder wofür sie sich sonst entscheiden).

Die Schwierigkeit bei diesem Spiel besteht in der Überwindung des Konzepts von „Tauziehen". Wenn die Kinder anfangen, zu stark zu ziehen, versuchen Sie, diese Kraft auf ein gemeinsames Ziel zu lenken. Wenn die Kinder zum Beispiel ein Dreieck oder ein Viereck bilden, können sie in einer sitzenden Position beginnen und so stark ziehen, daß sie gemeinsam zum Stehen kommen.

- *Raupe über'n Berg.* Zunächst arbeiten die Kinder zusammen, um entweder einen Berg zu bauen oder ihn an seinen Platz zu transportieren. Der Berg kann aus einer Bank bestehen, aus großen Bauklötzen, aus einem kleinen umgedrehten Boot oder aus irgendetwas anderem, das für sie attraktiv ist. Wenn die Kinder einmal geholfen haben, den

Raupe über'n Berg

Berg zu transportieren (wozu selbst die jüngste Gruppe voll in der Lage ist), können sie wiederum zusammenarbeiten, um Gras auf den Berg zu legen. Eine über den Berg drapierte Matte gibt gutes Gras.

Um die Raupe zu bilden, stellen sich die Kinder der Reihe nach auf allen vieren auf und halten jeweils die Knöchel des Kindes vor ihnen fest. Vier Kinder können eine sechzehnbeinige Raupe darstellen, die sich durch den Raum und über den Berg bewegt. Raupen können sich mit anderen Raupen verbinden, bis eine Riesenraupe gebildet ist, die über den Berg kriecht und auf der anderen Seite wieder hinuntergleitet. Eine aus der ganzen Klasse gebildete Raupe braucht vielleicht mehr als einen Berg zum Hinüberkriechen. Raupen können sich auch zusammenrollen oder in eine Puppe kriechen.

Wenn Sie die Zeit und die kreative Energie haben, können Sie eine raupenähnliche Decke herstellen mit einem flauschigen Kopf und jeder Menge kleiner angenähter Füße (und Gucklöchern oder Löchern, durch die kleine Hände passen), unter oder innerhalb welcher die Kinder manövrieren und sogar ihre Plätze tauschen. Dies wäre besonders geeignet für Drei-, Vier- und Fünfjährige. Diejenigen, die sich mit der Zeit für Kunstvolleres interessieren, können auch chinesische Drachen oder Pferde benutzen, die von mehreren Kindern in Gang gesetzt

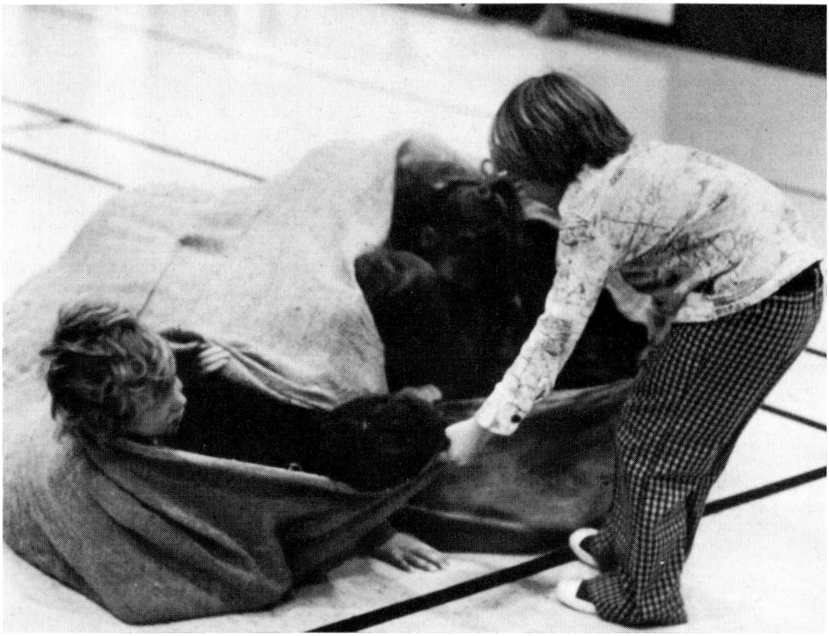

Riesensack der kleinen Leute

werden müssen. Ein großer, bunter Kopf mit dahinter drapiertem Material kann vieles sein und kann sich sogar über eine aus Menschen gebildete Hindernisbahn bewegen (z.B. unter Menschenbeinen hindurch, über Menschenarme hinweg, zwischen Menschenbäuchen hindurch).

● *Riesensack der kleinen Leute.* Wir haben mehrere Riesensäcke verschiedener Größe hergestellt, die zwischen acht und zwanzig Kinder fassen. Die Kinder versuchen, den Sack zu manövrieren durch gemeinsames Schlurfen, Kriechen und Rollen. Unseren ersten Sack stellten wir aus einer alten Kanuabdeckung aus Sackleinwand her. Wir schnitten sie einfach zurecht und nähten sie zusammen in Form eines riesigen Kartoffelsackes. Den zweiten machten wir aus robusten, alten, weißen Laken. In beiden Fällen waren die Säcke leicht und die Kinder konnten durch das Material hindurchsehen, was davor schützte, daß irgendjemand sich eingeschlossen fühlte.

Riesensack der kleinen Leute

Eine Kindergärtnerin erläuterte, wie Riesensack an den verschiedenen Punkten ihres kooperativen Spielprogramms immer besser aufgenommen wurde:

Zuerst: „Was für ein Spaß! Die eine Hälfte steckte in dem Riesensack und versuchte, vom hinteren Ende des Raumes nach vorne zu rollen. Vergnügtes Quieken aus dem Inneren des Sacks. Die Hälfte, die noch draußen war, schlug sich darum, wer als nächstes hineinkam... verflixte Bande! Entrüstet, als er weggeräumt wurde."

Später im Programm: „Heute legte ich den Sack einfach auf den Boden und sagte gar nichts. Die meisten von ihnen [sechzehn] kletterten hinein, aber hatten irgendwie nicht genug Platz (sie konnten sich nicht als Einheit bewegen). Tina [ein fünfjähriges Mädchen] organisierte die gesamte Gruppe – sie sollten einer nach dem anderen hineinklettern und enger zusammenrücken. ‚Wenn wir zusammenarbeiten, klappt es bestimmt', sagte sie. Es klappte tatsächlich, mit nur einer Meinungsverschiedenheit."

Noch später im Programm: „Riesensack draußen auf der Wiese – so ein Spaß! Je mehr er benutzt wird, desto besser scheinen sie zurechtzukommen. Es gab keine offenen Boshaftigkeiten."

- *Zeh an Zeh.* Wenn Sie einen kooperativen Kopf haben wollen, können Sie genauso gut einen kooperativen Fuß haben. Kindergartenkinder kichern dabei die ganze Zeit. Die Partner liegen einfach ausgestreckt auf dem Boden, Fuß an Fuß (oder großer Zeh an großer Zeh) und versuchen, über den Boden zu rollen, wobei ihre Zehen immer in Berührung bleiben. Zeh an Zeh läßt sich auch spielen mit nur den Zehen des rechten Fußes in Kontakt, mit den Beinen überkreuz oder in einer sitzenden (L-)Position. Ausprobieren!

- *Puff-Puff-Eisenbahn.* Die Fünfjährigen scheinen dieses Spiels nie müde zu werden. Zwei oder mehr Kinder bilden einen Zug und tuckern durch die Halle. Sie halten Kontakt, indem sie beide Hände auf die Hüften (oder Schultern) des Kindes unmittelbar vor ihnen legen. Waggons fangen an, sich zusammenzukoppeln, bis sich ein langer Zug im Gleichtakt bewegt. Der Schaffner (Lehrer oder Kind) kann sehen, ob der Zug ganz langsam einen steilen Hang hinauffahren, den Hang hinuntersausen, rückwärts fahren, die Waggons ganz nahe zusammenbringen, Eisenbahnlärm machen, in der Hocke durch einen niedrigen Tunnel fahren kann.

- *Strandballbalance.* Bei diesem Spiel teilen sich zwei Kinder einen Strandball oder einen Ballon und versuchen, den Ball zwischen sich zu halten, ohne die Hände zu benutzen. Sie können ausprobieren, auf wieviele verschiedene Weisen sie den Ball zwischen sich balancieren können (Kopf an Kopf, Seite an Seite, Bauch an Bauch, Rücken an Rücken und so weiter) und können versuchen, sich durch den Raum zu bewegen und den Ball dabei auf verschiedene Weisen zu halten. Während sie den Strandball Stirn an Stirn balancieren, können sie beide versuchen, sich nach vorn zu beugen, um ihre Knie zu berühren, um ihre Zehen zu berühren, sie können sich hinhocken und so weiter. Dann können sie versuchen, durch einen hängenden Reifen hindurchzugehen oder über eine Hindernisbahn. Oder aber sie können versuchen, zwei

Strandballbalance (Gemeinsamkeit mit Ballons)

oder drei Bälle zwischen sich zu balancieren oder den Ball (bzw. die Bälle) in Gruppen von drei oder vier zu balancieren und so weiter.

Ein fünfjähriger Junge schlug vor zu versuchen, alle Bälle zwischen allen Kindern zu balancieren. Es war kein voller Erfolg, aber sie hatten eine Menge Spaß während des Prozesses.

Eine weitere Variation ist, Partner einen Kreis bilden zu lassen und auszuprobieren, ob sie eine Reihe von Bällen von einem Paar zum nächsten weiterreichen können, ohne die Hände zu benutzen, oder einen Ball (oder einen Wasserballon) vom Boden aufzuheben nur mit dem Kopf oder nur mit dem Rücken. Einige unserer sechsjährigen Kinder versuchten, einen Strandballzug zu bilden, indem sie in einer Reihe standen und zwischen je zwei Spieler einen Strandball plazierten. Viele Kinder können sich in dieser Weise verbinden und einen langen

Strandballbalance

Zug bilden, der in der Halle herumfährt. Einige unserer Siebenjährigen versuchten, Bohnenbeutel (die man kaufen oder selbermachen kann) zwischen ihren Körpern festzuhalten, während sie sich in der Halle herum- oder über eine Hindernisbahn bewegten. Dies stellt eine interessante Herausforderung dar und bringt die Kinder auf jeden Fall in engen Kontakt miteinander.

Spiele mit mehr Bewegung

- *Elefantenfamilie.* Die Kinder bilden paarweise einen Elefanten mit ihrem Körper oder indem sie sich beide rittlings auf einen Stock setzen, an dem ein Kopf (z. B. eine bemalte Papiertüte) und ein Schwanz (Seil) befestigt ist. Menschenarme ergeben hervorragende Elefantenleiber.

Die Elefanten trotten oder galoppieren durch den Raum und verknüpfen Leiber (Arme) mit Schwänzen (Seilen), bis die gesamte Familie miteinander verbunden ist.

Geheimbotschaften, bestehend aus Bildern von einer bestimmten Anzahl von miteinander verbundenen Elefanten, lassen sich überall im Raum verteilen. Die Kinder können diese Botschaften anderen Elefanten zeigen oder mit ihnen teilen und dann versuchen, dem Bild (der Botschaft) zu folgen.

● *Wagenräder.* Das Wagenrad wird dargestellt von etwa sieben Kindern, die einander ansehen und an der Hand halten, um einen Kreis zu bilden. Das Rad dreht sich dann an den Wänden der Turnhalle entlang. Zwei oder drei Kinder (der untere Teil des Rades) berühren für einen Augenblick mit dem Rücken die Wand, wenn das Rad sich an der Wand entlang dreht.

Der Spaß wird noch größer, wenn das Rad an Geschwindigkeit gewinnt. Wie ein Sechsjähriger zu mir sagte: „Hui, geht das gut“. Versuchen Sie, es rückwärts laufen zu lassen oder die Geschwindigkeitsgrenze zu verändern, um mehr Spaß zu bekommen. Das Rad kann anhalten, indem es sich in eine menschliche Radkappe verwandelt. Dazu läßt ein Kind die Hand seines Radpartners los und fängt an, sich zum Inneren des Kreises hin zu bewegen, wobei es die Kette zur Kreismitte zieht. Dieser Aufwickelprozeß geht weiter, bis alle, sich weiterhin an der Hand haltend, zu einer menschlichen Radnabe gewikkelt sind.

● *Doppelblase.* Zwei oder drei Kinder stellen Blasen dar, indem sie einander an der Hand halten oder auf irgendeine andere, von ihnen erdachte Weise einen kleinen Kreis formen. Die Blasen fangen an, langsam umherzugleiten, und passen dabei auf, nicht gegen irgendwelche anderen Blasen zu prallen, damit sie nicht platzen. Das Ziel des Spieles ist, daß die Kinder zusammenarbeiten, um ihre Blase zu bilden und Zusammenstöße zu vermeiden. Die Blasen können umherhüpfen, -hopsen oder -wirbeln, wenn die Kinder erst einmal mit dem Spiel vertraut sind.

Bei einer Variation dieses Spiels sind die Kinder zu zweit oder dritt immer noch Blasen, aber das Ziel wird, die kleine Blase in größeren Blasen aufgehen zu lassen. Dies kann geschehen, indem zwei Zwei-

Leute-Blasen sich sachte zusammendrücken, bis die Blase zu einer Vier-Leute-Blase aufplatzt. Dieser Prozeß geht weiter, bis nur noch eine einzige riesige Blase übrigbleibt. Außerdem kann Musik bei diesem Spiel zusätzlichen Spaß bringen.

Aktive Spiele

● *Gefrorener Bohnenbeutel (Hilf deinen Freunden).* Dies ist ein aktives Spiel, bei dem es auf Helfen ankommt. Anfangs bewegen sich alle Kinder in ihrem eigenen Tempo durch die Halle, und jedes Kind balanciert einen Bohnenbeutel auf dem Kopf. Der Spielleiter oder Lehrer kann die Handlung oder das Tempo verändern, indem er die Kinder bittet, auszuprobieren, ob sie springen, hüpfen, rückwärts gehen, langsamer gehen, schneller gehen können usw. Wenn einem Kind der Bohnenbeutel vom Kopf fällt, ist es gefroren. Ein anderes Kind muß dann den Bohnenbeutel aufheben und zurück auf den Kopf des gefrorenen Spielers legen, um ihn zu befreien. Dabei darf es den eigenen Bohnenbeutel nicht verlieren. Das Ziel des Spieles ist, seinen Freunden zu helfen, indem man dafür sorgt, daß sie ungefroren bleiben. Am Ende des Spiels kann man die Kinder fragen, wieviele Leute ihren Freunden geholfen haben, oder wie oft jedes einzelne seinen Freunden geholfen hat. Wenn man will, kann man die Hilfeleistungen rasch zählen. Dies ist ein gutes Spiel für Sechs-, Sieben und Achtjährige und kann viel Spaß machen, wenn man es zu Musik spielt. Fünfjährige können ihren eigenen Bohnenbeutel festhalten, während sie einander helfen, statt ihn auf dem Kopf zu balancieren.

● *Klebriges Popcorn.* Bei diesem Spiel „Poppen" – springen oder hüpfen – die Kinder zu Beginn durch die Halle als einzelne klebrige Popkörner, die nach anderen klebrigen Popkörnern suchen. Wenn ein Popkorn mit einem anderen in Kontakt kommt, kleben sie zusammen. Dann poppen sie zusammengeklebt gemeinsam umher, kleben mit anderen Popkörnern zusammen, bis sie schließlich alle zu einem riesigen Popcornball werden.

Nach unserem Erfahrungen mit Fünfjährigen müssen wir Sie im voraus warnen, daß klebrige Popcornbälle anfangen, zu den unmöglich-

Gefrorener Bohnenbeutel

sten Zeiten aufzutauchen – auf dem Weg zur Turnhalle oder während die Kinder nach der Pause ihre Mäntel ausziehen. Sie können auch einfach in einer Gruppe Popcorn „poppen lassen", indem sie einen engen Kreis bilden, die Arme umeinander geschlungen (oder Hand in Hand). Mehrere springende Bälle (drei bis dreiundzwanzig fußballähnliche Bälle) werden innerhalb des Kreises plaziert, die Kinder bewegen sich als Einheit umher und versuchen, die Bälle im Inneren zu halten.

● *Brücken.* Brücken, Brücken und noch mehr Brücken. Wieviele Sorten von Brücken lassen sich bauen? Man braucht für je zwei Kinder einen Bohnenbeutel und einen 5–10 cm breiten Stock. Zuerst verbinden

Fortschritte auf dem Schwebebalken

die Kinder Bänke miteinander, um eine Reihe von Brücken quer durch die Halle aufzustellen. Dann geben sie das Material weiter die Reihe entlang von einem zum anderen, so daß der erste, der zu demjenigen gelangt, der das Material austeilt, die Ehre hat, es als erster weiterzureichen und sein eigenes Material als letzter zu bekommen. Wenn jedes Kind einen Partner hat und jedes Paar einen Bohnenbeutel und einen Stock, können sie anfangen. Jedes Kind nimmt ein Ende des Stockes, und die beiden Partner versuchen, ihren Bohnenbeutel in der Mitte des Stockes zwischen sich zu balancieren, während sie sich durch die Halle bewegen. Im allgemeinen stehen die Kinder einander gegenüber und folgen zu Anfang den Linien auf dem Boden, die sie zu den verschiedenen Brücken führen. Bald klettern sie auf die erste Brücke und versuchen dabei, den Stock gerade und den Bohnenbeutel im Gleichgewicht zu halten. Wenn sie sich dem Ende der Bank nähern, sagt derjenige, der vorwärts geht, seinem Partner (der rückwärts geht), daß das Ende der Bank kommt. („Paß auf... steig herunter.") Dies ist ein wichtiger Zeitpunkt, an dem man Sorge für das Wohlergehen eines anderen Kindes entwickeln kann. Eine Variation von „Bohnenbeutel"-Brücken ist, die Kinder durch die Bahn gehen zu lassen (a) in Paaren, die mit zwei Stöcken einen Ball zwischen sich balancieren („Ballbrükken"), oder (b) zu viert, während sie ein Glas Wasser auf einem Pappteller mit vier Stöcken balancieren. Das letztendliche Ziel ist, weniger greifbare, persönliche Brücken zu bauen.

- *Zauberteppich.* Die Kinder lassen einander in Gruppen von sieben abwechselnd auf einem Zauberteppich (Turnmatte) fahren. Bei Kindergartenkindern kann die „Fahrt" des Kindes in der Mitte darin bestehen, auf der Stelle herumge„schüttelt" zu werden, was ihnen allen Spaß zu machen scheint. In einigen Fällen wird der „Teppich" gleichmäßig zur anderen Seite der Halle gezogen, wobei das Kind in der Mitte auf der Matte liegt, sitzt oder hockt. Der Fahrgast kann sich die Stellung, in der er fährt, aussuchen und die Geschwindigkeit kontrollieren („langsamer", „schneller", „genau richtig"). Je nach der Art der Gruppe kann zu Beginn ein bestimmter Turnus vorgeschlagen werden, nach dem die Kinder an die Reihe kommen, oder er kann spontan entstehen.

- *Fischfresser.* Ein großer Hit! Fünf- und sechsjährige Kinder lieben dieses Spiel sehr. Alles, was Sie brauchen, ist eine Fläche, die groß genug ist, so daß alle Kinder sich darauf verteilen können mit reichlich Platz. Wenn der Ausrufer („Fischfresser" genannt) „Schiff" ruft, rennen alle Kinder zu der Wand, auf die er zeigt. Ruft er „Küste", ändern sie rasch die Richtung und rennen zu der entgegengesetzten Wand. Bei dem Zeichen „Fischfresser" lassen sich die Kinder rasch auf den Boden fallen, liegen auf dem Bauch und verschränken die Arme, Beine oder Körper mit einem oder mehreren Freunden. Der Fischfresser läuft durch den Raum mit ausgestreckten Armen wie ein großer Vogel und schwimmt auf die anderen Spieler zu, aber berührt keinen von ihnen. Die Kinder sind alle „sicher", solange sie miteinander physisch verbunden sind. Wenn der Fischfresser sieht, daß jeder mit jemandem verbunden ist, wird das Zeichen „Alle in Sicherheit" gerufen. In diesem Augenblick springen die Kinder auf die Füße, fassen einander an der Hand und rufen„Juhuu", dabei heben sie ihre miteinander verbundenen Hände über den Kopf. Das Spiel endet, wenn die Kinder bereit sind, zu einem anderen Spiel überzugehen. Es lassen sich zahlreiche weitere Rufe hinzufügen, zum Beispiel „Sardinen" (alle rennen zu einem zentralen Punkt, um eine so große Gruppe wie möglich zu bilden entweder auf dem Boden liegend oder in einer Riesenumarmung im Stehen); „Alle Fischer" (jeder sitzt auf den Knien von jemand anders); „Krebse" (Jeder steht Rücken an Rücken mit einem anderen Partner, beugt sich nach vorn und faßt unter den eigenen Beinen hindurch den Partner bei den Händen); „Fischnetz" (lassen Sie die Kinder ihre Phantasie benutzen und selbst entscheiden, wie sie eins machen wollen).

- *Grashüpfer.* Der Name des Spiels kommt von einem sechsjährigen Mädchen, das meinte, daß es hier ganz bestimmt um einen Grashüpfer gehe. Mal sehen, was Sie meinen. Etwa acht oder zehn Kinder stellen sich an den Kanten einer robusten Decke entlang auf. Ein Strandball (Grashüpfer) wird in die Mitte der Decke gelegt, und die Kinder versuchen, ihn hüpfen zu lassen. Eine kollektive Anstrengung ist erforderlich, um diesen Grashüpfer hoch in die Luft und dann wieder zurück auf die Decke zu bringen, ohne ihn auf den Boden fallen zu lassen. Fünfjährige brauchen gewöhnlich mehrere Sitzungen, um hier den Dreh (oder Hüpfer) herauszukriegen, besonders, sich als Einheit zu bewegen, um den Ball zu fangen, aber sie kriegen ihn schließlich doch. Es macht Spaß, und der Grashüpfer kann auch andere Sachen, wie am äußeren Rand der Decke entlangrollen, knapp an jedermanns Fingern (mit denen sie die Decke festhalten) vorbei. Wenn sie zusätzliche Erregung oder Herausforderung wollen, schneiden Sie ein Loch in die Mitte der Decke, das groß genug ist, um einen Ball oder Ballon hindurchzulassen. Probieren Sie, ob die Kinder den Grashüpfer durch das Loch rollen lassen oder in die Luft springen und durch das Loch herunterkommen lassen können. Dies funktioniert auch mit einem Fallschirm.

- *Fallschirm.* Der Schirmteil eines alten Fallschirms liefert ein weiteres Mittel, um kooperativen Geist zu „verbreiten". Die Spieler verteilen sich um den Fallschirm und ergreifen dessen Rand. Der Schirm wird aufgebläht dadurch, daß alle gleichzeitig die Arme über den Kopf heben. Wenn der Schirm aufgebläht ist, können die Kiner daruntergehen, sich im Mittelpunkt unter dem Schirm treffen und dann in die Ausgangsstellung zurückgehen. Während sich die Spieler alle im Mittelpunkt unter dem aufgeblähten Schirm befinden, können sie den Schirm auch gleichzeitig loslassen und auf der Stelle gefrieren, während der Schirm auf sie heruntersinkt. (Zeichen wie „Gehen“, „Raus“, „Loslassen“ können nach Wunsch laut gegeben werden.) Man kann die Spieler darauf vorbereiten, gemeinsam „loszulassen“, indem man sie den Rand des Schirms festhalten läßt, während er noch auf dem Boden liegt. Sie ziehen ihn stramm und lassen ihn auf ein Zeichen wieder los. Wenn der Schirm gleichzeitig losgelassen wird, schnellt er gleichmäßig zur Mitte. Vielleicht müssen die Kinder dies mehrmals üben, ehe jeder zur gleichen Zeit losläßt.

Bei einem anderen Fallschirmspiel erhält jeder Spieler eine Zahl von 1 bis 5 (oder jede Gruppe von Kindern wählt sich einen Namen). Die Spieler stehen um den Fallschirm herum und halten ihn in Taillenhöhe, und wenn ihre Zahl (oder ihr Gruppenname) gerufen wird, liegt jedes Mitglied dieser Gruppe auf dem Boden unter dem Schirm mit dem Gesicht nach oben in Form eines Sterns (wie umgekehrte, miteinander verbundene Fallschirmkunstspringer). Die übrigen Spieler schwenken den Schirm für eine Minute über ihnen hoch und runter, so daß über ihnen Luftwellen entstehen. Fallschirmaktivitäten kann man mit ganz jungen Kindern beginnen und mit praktisch allen Altersgruppen fortsetzen.

Für Fünfjährige war der Fallschirm eine der besten Motivationen zur Kooperation. Die Kinder mußten wirklich zusammenarbeiten, um die gewünschten bauschigen Resultate zu erhalten. Ein Lehrer kommentierte, daß die destruktiv aggressiven Kinder ungewöhnlich ruhig und behutsam waren beim Umgang mit der Seide. Es war eins unserer besten kooperativen Unternehmungen.

Wenn Sie Schwierigkeiten haben, von einem Fallschirmkunstspringerklub oder einer Militärbasis einen Fallschirm zu ergattern, könnten Sie versuchen, ein paar Laken oder leichte Nylonsegel zusammenzunähen. Dabei müssen Sie in der Mitte ein Loch lassen (damit die Luft hindurchgeht).

● *Ein Kilometer Garn.* Dies ist ein interessanter Weg, um kleine Kinder zusammenzuknüpfen. Ein Kind beginnt mit einem hellen Knäuel von dickem Garn (oder einem Streifen Stoff), wickelt sich das Ende des Garns um die Taille und gibt das Knäuel an ein anderes Kind weiter. Dieses Kind wickelt sich das Knäuel um die Taille und gibt es an ein anderes Kind weiter, etc. Sobald die gesamte Gruppe verflochten ist in dem Garn, wird der ganze Prozeß umgekehrt. Der letzte Spieler fängt an, das Knäuel wieder aufzuwickeln, gibt es an das nächste Kind weiter und so weiter, bis ein voll aufgewickeltes Knäuel wieder beim ersten Kind ankommt.

- *Lassoschleudern.* Die Gruppe wird halb in „Partner“ und halb in „Pferde“ aufgeteilt. Alle Kinder (Partner und Pferde) arbeiten zusammen, um ein dickes Seil um die Hälfte der Gruppe (Pferde) zu bekommen. Das Seil wird an einem Ende zusammengeknotet oder geflochten, so daß es eine Schlaufe bildet (wie ein großes Lasso). Wenn die Pferde alle innerhalb des Lassos sind, halten sie sich alle an dem sie umgebenden Seil fest und drehen sich in derselben Richtung. Sie versuchen, den Teil es Seils, der nachgezogen wird, im Kreis drehen zu lassen, so daß die übrigen Kinder mit ihren Partnern über das Seil springen können, wenn es vorbeikommt. Partner und Pferde wechseln die Stellung.

Bei einer Gruppe von Kindergartenkindern hat dieses Spiel nie „richtig“ (nach diesen Anweisungen) geklappt, aber den Kindern machte es trotzdem Spaß. Die Gruppe im Lasso rannte, der Rest rannte hinterher und versuchte, das nachschleifende Seil zu fangen. Wenn dies erreicht war, fielen sie alle zu einem großen Haufen zusammen und lachten hysterisch. Ältere Kinder scheinen eher in der Lage zu sein, das Spiel in der beschriebenen Weise funktionieren zu lassen – aber auf beide Arten hat jeder seinen Spaß.

- *Hop! Hop! Hoch!* Dies ist ein gutes Spiel, um die Kinder in die Idee der kollektiven Wertung einzuführen (auf den Seiten 71ff. finden Sie weitere Spiele mit kollektiver Wertung). Die Kinder versuchen in Paaren, einen Ballon hoch in der Luft zu halten, indem sie ihn abwechselnd schlagen. Sie können die Zahl der aufeinanderfolgenden Schläge zählen, und wenn der Ballon den Boden berührt, heben sie ihn einfach auf und fahren mit dem Zählen an dem Punkt fort, wo sie aufgehört haben, oder sie beginnen, von neuem zu zählen. Das Spiel läßt sich auch in kleineren Gruppen zu dritt oder viert spielen, wobei jedes Kind an die Reihe kommt, und in unterschiedlichen Formationen (Kreis, Viereck).

Zusätzliche Herausforderung und Erregung kann es bringen, wenn zwei oder mehr Kinder versuchen, draußen im Freien einen Ballon in der Luft zu halten mit Hilfe von Geräten wie Wasserpistolen. Sie können den Ball auch einfach blasen.

Eine kollektive Leistung ohne kollektive Wertung ist es, wenn Partner oder Dreiergruppen gemeinsam versuchen, einen Ballon in der Luft zu halten mit abwechselnden Schlägen (oder mit Wasserpistolen), während sie von einem Ende des Feldes zum anderen oder über eine Hindernisbahn (über Mauern, durch Tunnel usw.) gehen.

Spiele für Regentage

Die folgenden Spiele bauen mehr auf Phantasie als auf Bewegung und eignen sich vorzüglich für drinnen, wenn sie ein ruhigeres Spiel spielen wollen. Natürlich gibt es keinen Grund, sie nicht auch bei strahlendem Sonnenschein zu spielen!

● *Bauernhof.* Jeder Spieler zieht den Namen oder das Bild eines Tieres aus einem Hut, oder jemand (der Spielleiter) flüstert den Namen von einem, zwei oder drei verschiedenen Tieren verschiedenen Spielern zu. Um zum Beispiel am Ende drei Gruppen zu haben, könnte man jedem Spieler entweder „Kuh“, „Wolf“ oder „Schlange“ ins Ohr flüstern. Die Spieler verteilen sich dann im Raum und machen die Augen zu, verbinden sich die Augen oder schalten irgendwie das Licht aus, während die Tiere agieren. Einige Kinder haben dieses Spiel sogar mit weit offenen Augen gespielt. Das Ziel des Spiels ist, alle Mitglieder der eigenen Tiergruppe zu finden und sich mit ihnen einzuhaken. Das einzige erlaubte Kommunikationsmittel ist der Tierlaut.

Zu diesem Spiel kann man viele Variationen erfinden. Man kann zum Beispiel fordern, daß jede Gruppe am Ende drei Kühe, drei Schlangen und drei Wölfe haben soll. Es können sich Gruppen verschiedener Tiere zusammentun und dann als Gruppe den schlafenden, schnarchenden Bauern suchen oder das kleine verlorene Schaf (die fest an einem Platz stehen, aber leise Laute von sich geben können). Jede Tiergruppe kann auch ihren „Bau“ suchen, der sich kennzeichnen läßt durch ein ausgestopftes Tier, eine große Matte oder ein Seil.

Bei weiteren Alternativen – wie mit weit offenen Augen und ohne Stimme – kann jeder Spieler sein Tier nachahmen und andere Leute, die dasselbe Tier nachahmen, zu seinen Gefährten machen. Paare und Gruppen ähnlicher Tier können sich zusammentun und gemeinsam durch die Halle bewegen, als wären sie ein Tier. Jede Gruppe kann raten, welches Tier die anderen Gruppen darstellen.

Als wir dieses Spiel an einem Frühlingstag spielten, fügten wir eine Gruppe von Fröschen hinzu. Bald schienen sich zwei Gruppen von Fröschen gebildet zu haben, und mit aller Ernsthaftigkeit, die ein Fünfjähriger aufbringen kann, sagte ein kleiner Kerl: „Wir entscheiden besser, ob ein Frosch ‚quiek' oder ‚quak' macht."

● *Schneesturm.* Mit etwas Übung stellt dieses Spiel eine außerordentlich gute Kommunikation zwischen Kindern her. Zwei Kinder haben sich in einem Schneesturm (oder Sandsturm) verlaufen und versuchen nun, wieder nach Hause zu finden. Eins der Kinder ist „schneeblind", und das andere kann sehen. Das Ziel ist, den schneeblinden Freund (der die Augen geschlossen oder verbunden hat) durch den Schneesturm (eine Hindernisbahn) in Sicherheit zu bringen. In Paaren gehen die Kinder durch einen Tunnel (Reifen), unter einem Eisblock (einer Bank) hindurch, über einen teilweise gefrorenen Fluß (kleine Matte) und über eine Schneebrücke (Bank). Die Partner halten einander an der Hand oder haken sich ein und versuchen, nicht loszulassen, „damit niemand allein im Sturm verlorengeht". Wenn sie in „Sicherheit" sind, können die Partner die Rollen tauschen.

Kommentar einer Kindergärtnerin: „Meine Kinder lieben dieses Spiel sehr und zeigen wirklich Empathie für den blinden Partner. Ist der Rahmen einmal geschaffen, demonstrieren sie eine Behutsamkeit, die ich in anderen Spielen nicht beobachten kann."

Eine zusätzliche Forderung kann sein, daß die Kinder versuchen, ihren Partner sicher durch die Bahn zu führen, indem sie zu ihm sprechen, indem sie ihm etwas vorsingen oder durch einen anderen Code als Sprechen oder an der Hand halten (zum Beispiel in die Hände klatschen, wenn er sich in der einen Richtung bewegen soll; auf die Schulter klopfen, wenn er hochsteigen soll; oder mit den Fingern schnalzen, Summen oder ein Musikinstrument benutzen bei speziellen Anweisungen). Die Kinder können ihren Partner auch in einem Schwimmbecken (im Wasser) herumführen nach einem Code, den die beiden entwickelt haben, oder versuchen, ihrem Partner, ohne zu sprechen, beizubringen, eine bestimmte Aufgabe auszuführen. Für Kinder, die „modernere“ Spielgeschichten mögen, könnte die Schneesturmgeschichte umgeändert werden in so etwas wie „Kontrollturm an Pilot“. Der Pilot kann nicht sehen wegen starken Nebels. Das Ziel des Fluglotsen ist, den Piloten sicher über verschiedene Hindernisse auf die Landebahn zu dirigieren.

● *Menschenmaschine.* Dies ist ein Spiel, für das man kein Material braucht außer einer sehr regen Phantasie. Die Kinder geben vor, alle Teile einer elektronischen Maschine zu sein und zusammenarbeiten zu müssen, damit die Maschine funktioniert. Die Art von Maschine, die sie darstellen – sei sie real wie ein Computer oder ein Auto oder völlig imaginär – ist ihnen freigestellt, ebenso die Art und Weise, in der jeder daran teilnehmen will. Die Maschine „ist eingeschaltet“, wenn Musik gespielt wird, und beginnt, ihre Teile zu bewegen, die aus Armen, Kopf, Händen und Hüften der Spieler bestehen. Wenn die Musik anhält, hält auch die Maschine an. Wenn Sie etwas mehr Struktur brauchen, um die Maschine „in Schwung“ zu bringen, können sich alle Kinder an der Hand halten und eine Reihe bilden und so eine einfache Bewegungsmaschine darstellen. Jedes zweite Kind kann gebeten werden, den Rumpf nach vorn zu beugen, während der Rest der Kinder den Rumpf hinten beugt, oder sich hinzuhocken, während alle anderen aufstehen, oder man kann alle bitten, ihr linkes Bein zu heben und zu senken und so weiter.

Die Kinder können auch vorgeben, eine Lächelmaschine oder eine Lachmaschine zu sein, und jeder lächelt oder lacht, oder einige können zu einer Kitzelmaschine werden, durch die andere nach Belieben hindurchgehen können. Ältere Kinder können versuchen, eine komplizierte Maschine darzustellen, wie einen menschlichen Spielautomaten.

● *Leute- und Tierpuzzle.* Alle arbeiten zusammen, um aus verschiedenen Körpern verschiedene Teile eines neu erfundenen Tieres (oder eines riesigen Menschen) zu machen. Zu Anfang kann man ein bestimmtes Tier oder Körperteile vorschlagen, oder jedes Kind kann sich eine Karte aussuchen, auf der das Bild eines jeweils verschiedenen Körperteils aufgemalt ist. Die Kinder tun sich dann mit anderen Teilen zusammen, um ein ganzes Lebewesen zu schaffen. Wenn die Kinder einmal mit dieser Aktivität vertraut sind, kann man sie einfach bitten, mit zwei oder mehr Freunden jede Art von Tier zu bilden, die sie wollen. Sie werden alles mögliche darstellen – Pferde, Elefanten, Gorillas und sogar Kraken. Bei einer Gelegenheit verwandelte sich ein Pferd genau vor meinen Augen in eine Krake, „damit jeder ein Teil sein kann". Man weiß nie genau, wie das Geschöpf aussehen wird, aber jeder wird ein Teil davon sein, und die Kinder können einem genau sagen, was es ist.

Wenn jede Gruppe ihr Tier gebildet hat, probieren Sie, ob Sie es sich bewegen, sich hinknien oder hinlegen, sich zusammenrollen, sich ausstrecken, mit dem Schwanz wackeln lassen können etc.

Eine weitere Möglichkeit ist, die Kinder „einen Menschen machen" zu lassen. Was sie in Wirklichkeit tun, ist, eine lebensgroße Papierpuppe aus ihren eigenen Körperteilen herzustellen. Das funktioniert am besten in Gruppen von sechs Kindern. Zuerst teilen sich die Kinder in Paare auf, und jedes Paar wählt einen Satz von Körperteilen (Arme, Beine, Rumpf und Kopf) als seinen eigenen. Jedes Kind zeichnet seinen jeweils bestimmten realen Körperteil bei sich selbst oder seinem Partner auf einem langen Stück Papier nach. Dann helfen sie einander, die Teile auszuschneiden, wobei jeder an einem anderen Ende anfängt zu schneiden. Als nächstes klebt die Gruppe mit Tesafilm auf dem Boden oder an der Wand alle sechs Körperteile zusammen, so daß ein kollektives menschliches Wesen entsteht.

- *Schuhrätsel.* Jedes Kind zieht einen Schuh aus und legt ihn auf einen Haufen. Jeder Spieler nimmt dann den Schuh eines anderen Spielers, und während er den Schuh festhält (die Methode bleibt seiner Erfindungsgabe überlassen), fassen alle einander bei der Hand und bilden einen großen Kreis. Jedes Kind ermittelt dann den Besitzer des Schuhs, den es festhält, und alle Kinder tauschen Schuhe aus, *ohne die Hände loszulassen.* Wenn alle Schuhe wieder bei ihren Besitzern angelangt sind, wird ein neuer Kreis gebildet, und die Kinder legen erneut ihre Schuhe zu einem Haufen zusammen, um das Spiel von neuem beginnen zu lassen.

- *Auf Zehenspitzen durch die Tulpen.* Die Kinder arbeiten zusammen, um einen lieblichen Tulpenweg zu schaffen (bauen, malen, ausschneiden oder aufkleben), über den sie auf Zehenspitzen gehen können. Man braucht eine lange Bahn weißes, braunes oder buntes

Papier, Schalen mit drei oder vier verschiedenen Wasserfarben und ein Paar Pinsel. Dann bringen Sie die Kinder in Gang, und der eigentliche Spaß beginnt! Die Kinder malen einen langen, sich windenden Weg von Blumen und Blättern – und wenn sie mögen, bemalen sie einander auch die Zehen – mit leuchtenden Farben und „laufen auf Zehenspitzen durch die Tulpen“. Wenn das gemeinsame Werk vollendet ist, hängen sie das Wandgemälde zusammen auf. Dies kann eine etwas schmierige Angelegenheit werden. Eventuell möchten Sie dieses Spiel lieber draußen spielen an einem unerwartet schönen Frühlingstag und auch Musik dazu machen und singen.

● *Der Flüsterkreis (Telefon).* Geheimbotschaften fesseln Fünfjährige immer noch sehr. Bei diesem Spiel sitzen alle Kinder nahe beieinander in einem engen Kreis und geben geflüsterte Botschaften oder Zeichen weiter. Ein Elternteil, Lehrer oder Kind wählt ein Wort oder einen kurzen Satz und flüstert ihn demjenigen, der rechts von ihm sitzt, ins Ohr (zum Beispiel: „Ich mag dich“). Das Geheimnis wird an den nächsten Spieler weitergegeben, bis jeder die Botschaft erhalten hat. Botschaften können schneller und immer schneller weitergegeben werden, um den Spaß zu vergrößern. Der Letzte sagt die Botschaft dann laut, und die Kinder vergleichen sie mit dem ursprünglichen Geheimnis. Man kann denselben Satz (oder unterschiedliche Sätze) auch in beiden Richtungen beginnen lassen. Ferner können die Kinder freundliche „Zeichen“ weitergeben wie ein glückliches Gesicht, eine warme Umarmung, einen sanften Händedruck, ein Händeschütteln, ein Ankuscheln oder ein Augenzwinkern.

Dieses ruhige Spiel ist eine gute Aktivität zum „Abkühlen“. Es ist verblüffend, wie aufmerksam selbst Fünfjährige sind, neugierig zu hören, was bei der Botschaft „herauskommt“.

Alte Spiele, neue Wege

Möglicherweise ist es für Sie leichter, die Idee der Kooperation durch solche Spiele einzuführen, die den Kindern bereits vertraut sind. Hier sind einige Versionen dreier traditioneller Hits, die man auch ohne Verlieren spielen kann; daran können Sie sehen, wie einfach es ist, übliche Wettspiele umzuarbeiten in kooperativen Spaß!

● *Heiße Kartoffel.* Die Kinder fassen einander an der Hand und setzen sich zu einem Kartoffelbeförderungskreis. Eine heiße Kartoffel (ein Bohnenbeutel oder Ball) wird im Kreis von einem zum anderen weitergereicht, bis der Kartoffelrufer (der außerhalb des Kreises steht mit abgewandtem Gesicht) ruft: „Heiße Kartoffel!“ Derjenige, der die Kartoffel zu diesem Zeitpunkt in der Hand hat, schließt sich einem separaten „Kartoffelrufer“-Kreis an und wählt eine Zahl, bis zu der die Rufer leise zählen, ehe sie gleichzeitig „Heiße Kartoffel!“ rufen. Das Spiel geht in dieser Weise weiter, bis das letzte Kind zum Kartoffelruferkreis übergewechselt ist und alle anderen Kinder die Gelegenheit hatten, eine „Heiße Kartoffel“-Zahl zu wählen, bis zu der gezählt werden soll. Es ist interessant festzustellen, daß die Kinder bei diesem Spiel nicht das Gefühl haben zu verlieren. Sie sind in beiden Kreisen gern, da beide Kreise „im Spiel“ sind.

● *Hannemann sagt – ohne Ausscheiden.* Zwei Spiele beginnen gleichzeitig, jedes mit einem Anführer, der zahlreiche Bewegungen ausführt, die die Kinder nachmachen, wenn sie das Kommando erhalten: „Hannemann sagt, tu das,“. Wenn der Anführer jedoch sagt: „Tu das,“ ohne vorher „Hannemann sagt“ gesagt zu haben, wechselt das Kind, das trotzdem folgt, lediglich zu dem zweiten Spiel über und schließt sich beim nächsten „Hannemann sagt“ an, statt auszuscheiden wie in dem traditionellen Spiel. Auf diese Weise gibt es keinen Ausschluß, nur ein Hin- und Herbewegen zwischen zwei parallelen Spielen. Hannemann sagt – ohne Ausscheiden kann man auch in Paaren spielen. Warum Hannemann bisher noch nie gesagt hat: „Niemand bleibt draußen“, geht über meinen Verstand.

● *Reise nach Jerusalem ohne Ausscheiden.* Das Ziel ist, jeden im Spiel zu halten, selbst wenn die Stühle systematisch weggenommen werden. Wie in der Wettspielversion wird Musik gespielt und jedesmal, wenn die Musik abbricht, ein weiterer Stuhl weggenommen. In diesem Spiel müssen sich jedoch immer mehr Kinder zusammentun und auf Teilen von Stühlen oder aufeinandersitzen, um jeden im Spiel zu halten. Am Ende sitzen alle zwanzig Kinder, die das Spiel begonnen haben, wackelig auf einem Stuhl, statt daß neunzehn enttäuschte Kinder am Rand stehen und ein „Sieger“ einen Stuhl allein besetzt hält.

Kooperative Reise nach Jerusalem

Wenn Sie dieses Spiel zufällig in einem Park spielen und keine Stühle zur Verfügung stehen, können Spieler auf allen vieren als singende Stühle dienen. Sie können gemeinsam entscheiden, wann die Musik abbricht, und wenn die menschlichen Stühle weggenommen werden, schließen sie sich einfach der anderen (sich setzenden) Gruppe an.

Partnergymnastik

Es gibt eine ganze Reihe von Gruppenübungen, die sich nur mit einem oder mehreren Partnern ausführen lassen – zum Beispiel Pyramiden, Balancierübungen, Doppelrollen, Dreifachrollen und selbst das fliegende Trapez. In den Literaturhinweisen auf Seite 141f. finden Sie ein gutes Buch über Kunststücke und Saltos oder ein umfassendes, grundlegendes Buch zur Leibeserziehung mit einer großen Auswahl. Ein paar einfache kooperative Übungen werden im folgenden dargestellt.

- *Partnerhochziehen.* Partner sitzen einander gegenüber mit den Fußsohlen auf dem Boden. Ihre Zehen berühren sich. Die Partner greifen nach vorn, beugen, wenn nötig, die Knie und fassen sich an der Hand. Durch gleichzeitiges Ziehen kommen beide hoch zum Stehen und versuchen dann, wieder in eine sitzende Stellung zu gelangen. Hochziehen läßt sich auch in Gruppen spielen.

- *Rücken an Rücken.* Zwei Kinder sitzen mit gebeugten Knien Rükken an Rücken. Aus dieser Stellung heraus versuchen sie aufzustehen, indem sie einander gegen den Rücken drücken, ohne die Füße zu bewegen. Sie können auch versuchen, sich wieder hinzusetzen. Wenn die Kinder Erfolg haben, schlagen Sie ihnen vor, zu versuchen, sich aus einer halb stehenden, halb sitzenden Stellung wie eine Spinne zu bewegen. Rücken an Rücken läßt sich auch in Dreier-, Vierer- oder Fünfergruppen spielen.

- *Küchentuch auswringen.* Zwei Kinder stehen sich gegenüber und geben einander die rechte Hand (wie beim Händeschütteln). Spieler 1 schwingt das rechte Bein über den Kopf von Spieler 2 und steht breitbeinig über seinem eigenen Arm. Spieler 2 schwingt sein linkes Bein über Spieler 1. Die Partner stehen nun Rücken an Rücken (eigentlich Po an Po). Spieler 1 fährt nun fort, indem er sein linkes Bein herüberbringt und so in die ursprüngliche Richtung blickt. Spieler 2 schwingt sein rechtes Bein herüber zu der ursprünglichen Position, in der sich die beiden Spieler anblicken. Das hört sich vielleicht kompliziert an, aber es ist wirklich ganz einfach. Schnappen Sie sich jemanden und probieren Sie es aus .... Sie werden sehen.

- *Paarhüpfen.* Die Partner stehen einander gegenüber. Beide heben das linke ausgestreckte Bein hoch, so hoch, daß ihr Partner ihren Knöchel packen kann. Wenn sie einmal in dieser Stellung gemeinsam das Gleichgewicht halten können, können die Partner versuchen, vorwärts zu hüpfen (zum Markt, zum Laden), oder sie können sogar versuchen, sich auf den Boden herunterzulassen. Wieder hochzukommen, ist etwas schwieriger und erfordert vielleicht die Hilfe einiger weiterer Freunde.

Könnt ihr Dinge gemeinsam tun?

Dieses Spiel hat unzählige Variationen. Der gemeinsame Nenner, der die verschiedenen Aktivitäten verbindet, ist, daß die Kinder das Ziel erreichen müssen, indem sie die Aufgabe oder Bewegung gemeinsam mit einem oder mehreren Freunden ausführen.

- Kannst du mit deinem Partner über ein Feld von klebrigem Leim gehen?
- Kannst du mit deinem Partner ganz groß sein?
- Kannst du mit deinem Partner ganz klein sein?
- Kannst du mit deinem Partner ein Frosch sein?
- Kannst du etwas Rundes machen mit deinem Partner, während du ihn an der Hand hältst?
- Kannst du deinen Partner springen lassen wie einen Ball?
- Können du und dein Partner einander an der Hand halten und gemeinsam Holz sägen wie Holzfäller?
- Kannst du einen menschlichen Stuhl machen, auf dem dein Partner sitzen kann? Könnt ihr einen Zwei-Leute-Stuhl, einen Vier-Leute-Stuhl machen?
- Kannst du mit drei Freunden herumhüpfen?
- Kannst du dich hinter deinen Partner stellen, deine Arme um seine Vorderseite schlingen und gleichzeitig mit ihm laufen?
  Können vier Leute dies tun?
- Kannst du mit deinen Freunden eine Festung darstellen, und könnt ihr alle hineingehen?

Menschliche Stützen

- Kannst du über eine Hindernisbahn gehen (z.B. unter eine Bank, durch einen Reifen, über einen Balken), ohne die Hand deines Partners loszulassen?
- Könnt ihr einen Tunnel aus Leuten machen, durch den jemand hindurchgehen kann? Könnt ihr Euch abwechseln dabei, durch den Tunnel zu gehen, aber den Tunnel so lang wie möglich lassen?
- Kannst du den Herzschlag deines Partners fühlen? Nach einem ruhigen Spiel? Nach einem wilden Spiel?
- Könnt ihr jeder einen Stock (oder Besen) nehmen und zusammen mit einem Partner versuchen, einen Strandball springen zu lassen und wieder aufzufangen und dabei beide Stöcke benutzen?
- Könnt ihr in Gruppen von drei oder vier Kindern zusammenkommen und ausprobieren, ob ihr einen Strandball hoch über dem Kopf durch die Turnhalle tragen könnt mit Hockeyschlägern oder Stöcken?

- Kannst du dich Rücken an Rücken mit deinem Partner durch die Turnhalle bewegen? Auf diese Mauer zuspringen? Rückwärts auf diese Mauer zuspringen? Könnt ihr beide in einen Reifen klettern und euch durch die Halle bewegen, immer noch Rücken an Rücken?
- Kannst du einen großen Hula-Hoop-Reifen auf dem Rand rollen lassen, so daß dein Partner hindurchrennen kann?
- Kann dein Partner ihn rollen lassen, so daß du hindurchrennen kannst?
- Kannst du mit vier oder fünf Freunden ein Butterbrot aus Leuten darstellen (z. B. mit Schinken, Salat, Senf und 2 Scheiben Brot)?
- Kannst du dich deinem Freund gegenübersetzen und ein Boot rudern?
- Kannst du deine(n) Partner rollen wie einen Baumstamm? Kannst du über deinen Baumstamm (deine Baumstämme) springen? Kannst du deinen Baumstamm (deine Baumstämme) quer über den Boden schleifen? Kannst du (mit einem Freund) deinen Baumstamm aufrichten wie einen Telegraphenmast?
- Fallen dir ein paar andere schöne Sachen ein, die man gemeinsam machen kann?

Gemeinsam aufräumen

● *Bullauge.* Dies kann ein lustiger Weg sein, Spielmaterial am Ende einer Stunde kooperativ wegzuräumen. Die Kinder heben zusammen eine Bank hoch und tragen sie gemeinsam durch einen oder mehrere Hula-Hoop-Reifen. Alle Kinder gehen ebenfalls durch den Reifen, einschließlich derjenigen, die den (die Reifen festhalten. Wenn dies mit mehreren Reifen gespielt wird, gehen die Kinder vielleicht gern durch einige Reifen innen hindurch und um andere von außen herum.

● *Aktion Müllsack.* Dieses Spiel dient der Einführung eines wichtigen Konzepts von Kooperation nicht nur miteinander, sondern auch mit der natürlichen Umwelt. Nach einem kooperativen Spieltag wird das Spielgelände in mehrere Abschnitte aufgeteilt. Jedes Team erhält einen (oder zwei) Müllbeutel und ist dafür verantwortlich, seinen Abschnitt zu säubern. Das gemeinsame Ziel ist, daß alle zusammenarbeiten, so daß

Gemeinsam aufräumen

aller herumliegende Abfall aufgehoben wird, innerhalb oder außerhalb ihres Gebietes. Nach Wunsch kann ein kollektives Bewertungssystem eingeführt werden – zum Beispiel einen Punkt für jedes Stück Abfall, das vom Spieltag herstammt, und zwei Punkte für Abfall, der vorher schon da war.

Spiele für Kinder von acht bis zwölf

Wie bei den vorherigen Spielen sind die für dieses Kapitel vorgeschlagenen Altersgrenzen keineswegs heilig. Obwohl wir die meisten dieser Spiele an Kindern dieses Alters ausprobiert haben und sie gut aufgenommen worden sind, sind einige der dargestellten Spiele (wie Baumstammrollen) durchaus geeignet für sechsjährige und sechzigjährige. Andere (wie kollektive Deckenballspiele) werden gut aufgenommen von Kindern, Jugendlichen und Erwachsenen jeden Alters mit jugendlichen Einstellungen. Bleiben Sie deshalb flexibel und vorurteilsfrei, wenn Sie darüber nachdenken, wie Sie diese Spiele einsetzen wollen und mit wem.

Die Einführung kooperativer Ideen

Die ersten beiden der hier beschriebenen Spiele zeigen, wie leicht es ist, ein altes Spiel in ein neues umzuarbeiten, an dem alle teilhaben können. Von da an werden die Kinder sich ganz nach Ihnen richten!

● *Nachlaufen mit Gefrieren.* Wenn Sie ein Nachlaufspiel spielen wollen, warum führen Sie nicht ein paar helfende Komponenten ein? Ein paar Kinder werden zu „Gefriermaschinen" bestimmt, während der Rest der Kinder sich in allen Richtungen verteilt. Die Gefriermaschinen zählen bis zehn und laufen dann los hinter den rennenden Kindern her. Wenn ein Kind abgeschlagen ist, gefriert es mit gespreizten Beinen oder mit ausgestreckter Hand. Um es aufzutauen, muß ein anderes Kind entweder unter seinen Beinen hindurchschlüpfen oder ihm die Hand schütteln. Die Zahl der Gefriermaschinen kann angepaßt werden, um das Spiel in Gang zu halten. Wenn die Kinder müde sind oder es Zeit wird, daß sie etwas anderes spielen, kann der Spielleiter sie fragen: „Wieviele von Euch haben Freunde aufgetaut?“

Nachlaufen mit Gefrieren läßt sich auch in Paaren spielen mit Zwillingsgefriermaschinen, Zwillingsläufern, Zwillingsgefrorenen und Zwillingsauftaumaschinen. Die Partner halten einander fest an der Hand und laufen zusammen, gefrieren zusammen und tauen zusammen andere Paare auf, wobei *beide* Partner dem gefrorenen Paar die Hand schütteln oder unter den Beinen des gefrorenen Paares hindurchschlüpfen müssen. Man kann es auch in Dreiergruppen spielen und in flachem Wasser, wobei die Kinder einander unter den Beinen hindurchschwimmen, um einander aufzutauen.

● *Nachlaufen mit Umarmen.* Dies ist eine weitere kooperative Variation des „gewöhnlichen“ Nachlaufen. Ein Spieler ist nur dann sicher davor, abgeschlagen zu werden, wenn er gerade einen anderen Spieler umarmt. Damit mehr Kinder einander umarmen, schlagen Sie vor, daß nur drei einander umarmende Kinder sicher sind, dann vier, dann fünf, und so weiter. Jüngeren Kindern macht dieses Spiel wirklich Spaß.

● *Kinderknäuel.* Die folgenden beiden Spiele versuchen, Leute einander näherzubringen dadurch, daß sie als Einheit zusammenarbeiten müssen, um einander zu entwirren. In Kinderknoten stehen etwa zehn Spieler im Kreis, strecken die Hände zur Mitte und ergreifen die Hände von zwei anderen Leuten als den unmittelbar neben ihnen stehenden. Nun arbeitet die Gruppe zusammen in einem Versuch, den Knoten zu lösen, ohne die Hände loszulassen.

Bei *Kinderbrezel* halten bis auf zwei Spieler alle einander im Kreis an der Hand und winden sich über- und unter- und durcheinander, ohne die Hände loszulassen. Die beiden anderen, die mit dem Rücken zum Brezelherstellen gestanden haben, versuchen dann, die Gruppe zu entwirren. Die Brezel hilft mit, während die beiden versuchen, herauszubekommen, was wo hingehört und wie man es dorthin bringen kann.

Diese Entwirrspiele sind auch schon in flachem Wasser gespielt worden, wo sie eher Kinderspaghetti ähneln.

● *Riiiiesenweitsprung.* Wie der Name andeutet, ist das Ziel dieser Aktivität, daß eine Gruppe von Kindern kollektiv so weit wie möglich springt. Der erste Spieler beginnt an einer Startlinie und macht einen Sprung. Der nächste Spieler beginnt seinen Sprung dort, wo der vorherige Spieler gelandet ist. Die Spieler können sich bemühen, ihre kollektive Gesamtweite bei aufeinander folgenden Versuchen zu verbessern. Dies kann im Haus oder im Freien gespielt werden mit Weitsprung rückwärts, Weitsprung vorwärts (aus dem Stand oder mit Anlauf), Dreisprung und so weiter.

● *Wassermelonenzerteilen.* Wenn Sie nach einer aktiven Art und Weise suchen, eine Wassermelone zu zerteilen oder sich zuerst Durst anzuarbeiten, ehe man sie ißt, ist vielleicht folgendes Verfahren der geeignete Weg. Eine ganze Wassermelone wird nach Art eines Staffellaufs von einem Punkt zu einem anderen transportiert. Sie kann auf vielfältige Weise getragen werden (allein oder mit Partnern), ehe sie Mitläufern übergeben oder zugeworfen wird. Wesentlich ist, daß die Spieler ihren eigenen Plan erarbeiten, um das Ziel gemeinsam zu erreichen. Wenn die Wassermelone die Bahn durchlaufen hat, wird sie aufgeschnitten und unter allen Wassermelonenträgern geteilt. Ich bin sicher, daß Ihnen irgendein kooperatives Unternehmen dazu einfällt, was man mit den Melonenkernen tun könnte, wie progressives oder kollektives Wassermelonenkernespucken.

● *Kirschkernekicken.* Ein fruchtbares Spiel für ein Picknick, eine Party oder einen Spieltag. Jeder Spieler beginnt mit etwa zehn Kirschkernen. Man macht ein flaches Loch in den Boden oder stellt auf den Boden eine flache Schale. Ein Kirschkern wird in das flache Loch (oder in die Schale) gelegt, und jeder Spieler versucht der Reihe nach, ihn mit seinem eigenen Kirschkern herauszukicken. Jedesmal, wenn der Kern herausgekickt wird, erhält jeder Spieler eine Kirsche aus einem gemeinsamen Vorrat. Man kann die Schale auch mit zwanzig Kirschkernen füllen und jeden Spieler versuchen lassen, so viele wie möglich herauszukicken. Wenn zwei (oder drei) herausgekickt werden, erhält jeder Spieler zwei (oder drei) Kirschen zu essen und so weiter, bis die Schale leer ist.

● *Bring sie ins Gleichgewicht.* In traditionellen „Bring-sie-aus-dem-Gleichgewicht"-Spielen stehen zwei Spieler einander gegenüber, packen einander an einer Hand oder an beiden Händen und versuchen, sich gegenseitig aus dem Gleichgewicht zu bringen. Wenn ein Spieler einen Fuß bewegt, verliert er. „Bring-sie-ins-Gleichgewicht"-Spiele kehren diesen Prozeß um.

Zwei Partner stehen einander gegenüber, legen die Handflächen aneinander und machen einen Schritt (oder mehrere Schritte) rückwärts, so daß sie sich aufeinander stützen, um die Balance zu halten. Dann versuchen beide gleichzeitig, einander wieder ins Gleichgewicht zu bringen (das heißt, in eine stehende Position), ohne die Füße zu bewegen. Das Manöver ähnelt einem stehenden Liegestütz, bei dem man sich gegen einen Spiegel lehnt, wenn Sie sich so etwas vorstellen können. Man muß darauf achten, daß die Füße festen Halt am Boden haben, so daß man nicht ausrutscht. Einige Kinder beginnen dieses Spiel gern auf den Knien (d. h., sie stoßen sich im Knien ab). Sie bewegen sich nach und nach immer weiter auseinander in eine aufrechte Stellung. Sie können auch versuchen, von den Knien zum Stehen zu kommen, indem sie sich gegeneinander lehnen und sich von da aus hochdrücken.

Als zusätzliche Forderung können sie Rücken an Rücken mit Drehen versuchen. Die Spieler sitzen zu Anfang Rücken an Rücken mit gebeugten Knien. Sie drücken mit dem Rücken gegeneinander und kommen halb zum Stehen. Dann, immer noch aneinandergelehnt, um die Balance zu halten, drehen oder rollen sie sich herum, so daß sie angelehnt Vorderseite an Vorderseite zum Stehen kommen und sich im Stehen voneinander abstoßen können. Jene, die besonder „gut im Gleichgewicht" sind, können einige dieser Kunststückchen auf einer Bank oder einem Schwebebalken ausprobieren.

● *Baumstammrollen.* Eine Reihe von Baumstämmen (Spielern) liegt Seite an Seite auf dem Bauch. Die Unterlage kann eine Matte, eine Decke, Gras oder irgendeine andere bequeme Fläche sein. Ein „Fahrgast" liegt auf dem Bauch quer zu den Baumstämmen auf dem oberen Teil ihres Rückens. Alle Baumstämme beginnen dann, in derselben Richtung zu rollen, und geben dem Fahrgast eine manchmal sanfte, manchmal holprige Fahrt über sich selbst hinweg. Wenn der Fahrgast über den letzten Baumstamm geplumpst ist, wird er zum rollenden Baumstamm am Ende der Reihe. Der erste Baumstamm, der unter dem Fahrgast hervorrollt, wird zum nächsten Fahrgast und wird quer über die Baumstammreihe getrieben. Dies geht weiter, bis kein Platz zum Rollen mehr da ist oder bis sie keine Lust mehr haben.

Baumstammrollen

Wenn ein größerer Baumstamm lieber keine Fahrt machen möchte, kann er einfach passen und weiter Baumstamm sein. Ein schwerer Fahrgast auf leichten Baumstämmen sollte sich langsam bewegen und unterwegs einen Teil seines Gewichtes abstützen. Zwei leichtgewichtige Fahrgäste können versuchen, sich Seite an Seite über die rollenden Baumstämme zu bewegen. Vielleicht möchten Sie auch einen Versuch machen mit zwei Reihen von Baumstämmen und zwei Fahrgästen. Die ausgestreckten Baumstämme halten einander während des Rollens zwischen den Reihen an der Hand. Wenn die Sache einmal ins Rollen kommt, dann ist dies ein lustiges Spiel für jung und alt.

- *Fallspiel.* Bei diesem Spiel fällt man buchstäblich seinen Freunden in die Arme, die einen davor bewahren, auf dem Boden aufzuschlagen. Etwa acht Kinder knien (oder stehen) Schulter an Schulter und bilden einen engen Kreis. Derjenige, der in der Mitte des Kreises steht, macht seinen Körper steif und fällt in irgendeine Richtung. Im allgemeinen hält der Spieler in der Mitte die Arme an den Seiten des Körpers „festgeklebt" und wird dazu aufgefordert, die Füße nicht zu bewegen. Dieses

Fallspiel

Spiel hilft, Vertrauen zu entwickeln, während diejenigen, die den Kreis bilden, lernen, zusammenzuarbeiten und den Spieler in der Mitte mit den Händen aufzufangen und sanft in eine andere Richtung zu schieben. Die Kinder kommen abwechselnd in die Mitte. Mit wachsender Geschicklichkeit wird es möglich, den Kreis ein wenig zu erweitern (mehr Platz zum Fallen).

Staffel- und Tragespiele

● *Riesenturm.* Das Ziel dieses Spiels besteht darin, die Kinder zusammenarbeiten zu lassen beim Bau eines einzigen Turmes aus Bohnenbeuteln, Kartons, Reifen, Bällen, alten Schuhen oder irgendwelchen anderen Materialien, die Sie zur Hand haben. Damit alle Spieler die ganze Zeit aktiv beteiligt sind, können die Kinder durch die Halle rennen (springen, hüpfen, im Krebsgang gehen usw.), bis der Spielleiter ruft „Turm!“ An diesem Punkt nimmt jedes Kind ein Stück des Materials nach seiner Wahl aus einem gemeinsamen Vorrat und plaziert es in die Mitte der Halle, um zu helfen, den Turm zu bauen. Dann laufen die Kinder herum, bis wieder „Turm!“ gerufen wird, und sie fügen dem Riesenturm ein weiteres Stück Material hinzu.

Ich erinnere mich an eins der ersten Male, wo wir dieses Spiel gespielt haben mit einer Gruppe von Achtjährigen. Genau bevor es zum Ende der Stunde klingelte, gelang es ihnen, den letzten Block auf ihrem Riesenturm zu plazieren, der eine deutliche Schlagseite hatte. Alle Kinder sprangen hoch und jubelten. Ich fragte mich, wieviele Kinder gejubelt hätten, wenn dies ein Staffellauf gewesen wäre.

Eine weitere Möglichkeit ist, die Kinder zu bitten, einen oder mehrere Partner zu wählen, wenn „Turm“ gerufen wird, und gemeinsam ein Stück Material auszuwählen und dorthin zu tragen, wo sich der Turm befindet. Wenn Sie große Bauklötze benutzen, ist dies zweckmäßig und vielleicht notwendig. Wenn nicht, versuchen Sie, die Kinder die Bauklötze auf zwei Stöcken balancierend tragen zu lassen oder zwischen ihren Körpern. Jedesmal, wenn „Turm!“ gerufen wird, können die Spieler einen neuen Partner wählen, mit dem sie zusammenarbeiten wollen.

Als zusätzliche Forderung könnten Sie in Betracht ziehen, sehr große Kartons zu benutzen, die man von Elektro- oder Lebensmittelgeschäften bekommen kann. Die Frage ist dann: „Wie kriegen wir das bis dort hoch?“ Sie finden schon einen Weg.

● *Immer drüberweg.* Die Spieler bilden zwei Reihen, etwa viereinhalb Kinderlängen voneinander entfernt. Der erste in jeder Reihe hat einen Strandball (oder Medizinball), der rückwärts über seinem Kopf zum nächsten weitergereicht wird. Der erste Spieler dreht sich sofort um und schüttelt (oder schlägt auf) die Hand des zweiten („Gib Pfötchen“), der für einen Augenblick eine Hand von dem Ball freimachen und ihn mit der anderen Hand balancieren muß. Der erste Spieler rennt dann an das Ende der zweiten, angrenzenden Reihe, wo ein weiterer Ball weitergereicht wird. Der zweite Spieler wiederholt diesen Vorgang, und so geht es weiter, immer drüberweg die Reihe hinunter. Das gemeinsame Ziel ist, beide Bälle und beide Reihen so schnell wie möglich von einem Punkt zum anderen zu bewegen, vielleicht von einem Ende der Halle zum anderen.

Sind für „Immer drüberweg“ Variationen möglich? Aber sicher. Es werden zwei Doppelreihen gebildet und Paare benutzen nur die *Innenseite der Arme,* um den Ball über den Kopf zum nächsten Paar weiterzureichen, oder Paare liegen auf dem Rücken und benutzen nur die *Innenseite der Beine,* um einen Strandball über dem Kopf zum nächsten Paar hinter ihnen weiterzureichen. Das Händeschütteln ist bei dieser Version freigestellt. Wenn der Ball herunterfällt, hebt man ihn einfach auf (mit den Händen) und macht dort weiter, wo man aufgehört hat.

Eine weitere Variation von „Immer drüberweg“ heißt „Immer drunterweg“ und wird im Wasser gespielt, aber ohne Ball. Die Spieler stellen sich auf, bis zur Taille im Wasser, und spreizen die Beine. Der letzte Spieler in der Reihe beginnt das Spiel, indem er unter den Beinen der Spieler vor ihm hindurchschwimmt. Er kommt zum Luftschnappen nach oben, wann immer es notwendig ist, aber am Ende taucht er vor der Reihe wieder auf. Derjenige, der nun letzter in der Reihe ist, schwimmt immer drunterweg, und so weiter die Reihe entlang.

● *Quadratball.* Hier ist nicht der Ball quadratisch oder die Kinder. Quadratball wird von vier Kindern gespielt, die als Einheit zusammenarbeiten, um ein Seil stramm zu halten in Form eines Quadrates, während jedes Kind der Reihe nach versucht, den Ball mit den Füßen von einem festgelegten Mittelpunkt aus zu seinem Eckpunkt und wieder zum Mittelpunkt zu bewegen.

Bei Quadratball im Rennen sind Vierergruppen mit Seilen auf dem Spielgelände an verschiedenen Stationen verteilt. Jede Vierergruppe kickt ihren Ball zur nächsten Station, läßt ihn dort zurück und rennt zurück zu ihrer Station, um den Ball zu holen, der dort angekommen ist. Dazu müssen die Kinder den Ball bewegen, während sie ihn innerhalb der Grenzen ihres strammen Seiles halten. Wenn Sie wollen, können Sie die Zeit festhalten, die *alle Bälle* brauchen, um einmal die Runde zu machen.

● *Fruchtcocktail.* In diesem „geschmackvollen" Spiel werden Bananen, Äpfel, Orangen, Grapefruits, Melonen, Trauben oder alle möglichen anderen Obstsorten geteilt. Obststücke werden an ein Ende eines offenen Grasgeländes gelegt, und die Spieler tragen oder rollen das Obst zu einer Mixstelle am anderen Ende. Jede beliebige Zahl von Leuten kann zusammenarbeiten, um das Obst zur Mixstelle zu bringen, und sie können es auf jede beliebige Weise tun, vorausgesetzt, sie benutzten weder ihre Hände noch ihre Füße oder ihren Mund. Eine Weintraube oder einen Apfel können zum Beispiel auf einem vornüber gebeugten Rücken oder zwischen den Bäuchen von drei Leuten balanciert werden. Nur wenn das Obst die Mixstelle erreicht, kann es gegessen werden. Dann teilen die Spieler es auf und genießen es gemeinsam, so daß jedes Teammitglied von jeder Obstsorte kosten kann. Wenn Sie in der Nähe eines Sees sind, können Sie überlegen, ob Sie nicht schwimmenden Fruchtcocktail spielen wollen, wobei das Obst durch das Wasser gestubst wird.

● *Wasserverteilen.* Wenn Sie an einem heißen, sonnigen Tag eine erfrischende Dusche wollen, versuchen Sie es mit Wasserweitergeben oder Wasserballonwerfen. Bei Wasserweitergeben stehen die Spieler im Kreis, und jeder hat einen leeren Pappbecher zwischen den Zähnen. Der Becher eines Spielers ist mit Wasser gefüllt. Dieser Spieler beginnt, indem er sein Wasser in den Becher des nächsten gießt, ohne die Hände zu gebrauchen. Dieser gießt es dann wieder in den Becher des nächsten Spielers. Dieses Wasserumfüllen geht weiter ganz im Kreis herum. Wenn man eine größere Beteiligung wünscht, können mehr Spieler mit gefüllten Bechern beginnen, oder man kann kleinere Kreise bilden. Beim Wasserballonwerfen stehen die Partner zu Anfang etwa einen Meter auseinander und werfen einen kleinen, mit Wasser gefüllten Ballon hin und her. Wenn der Ballon platzt und man klatschnaß wird, will man das natürlich mit seinem Partner teilen. Dazu braucht es nur eine herzliche Umarmung.

● *Weitertragen.* An jeder Station starten vier Spieler und ein Strandball. Die Gesamtzahl der Stationen hängt ab von der Zahl der Spieler.

Zwei Spieler von jeder Station versuchen, ihren Strandball mit dem Körper zur nächsten Station zu bewegen, ohne die Hände zu gebrauchen und ohne den Ball zu kicken (z. B. Hüfte an Hüfte oder Bauch an Rücken). Sie übergeben den Ball dann dem Paar, das an der nächsten Station zurückgeblieben ist (ohne die Hände zu gebrauchen), warten, bis ein neuer Ball von dem Paar hinter ihnen ankommt und setzen ihren Rundlauf durch die Stationen fort.

Etwas anstrengender ist es, Teams von drei oder fünf Spielern zu bilden an zahlreichen Stationen, die gleich weit auseinander liegen. Das Ziel ist, alle Spieler von einer Station zur nächsten zu bringen, indem man sie trägt. Wenn an jeder Station drei Spieler anfangen, tragen zwei von ihnen den dritten (Spieler 1) zur nächsten Station und rennen dann zu ihrem Ausgangspunkt (Heimbase) zurück. Der neu angekommene Spieler an der Heimbase hilft, ihr zweites Teammitglied zur nächsten Station zu tragen. Beim nächsten Mal wird ihr drittes Teammitglied durch zwei Teammitglieder abgeliefert, die von der Station hinter ihnen nachgerückt sind. Dieser Prozeß geht weiter, bis die Mitglieder aller Teams zu einer neuen Station transportiert worden sind. Wenn Sie möchten, können Sie versuchen, die gesamte Klasse (alle Teams) ihre Stationen so schnell wie möglich wechseln zu lassen. Es ist ein lustiges Spiel und läßt sich auch im Schnee oder Matsch spielen, was zusätzlichen dreckigen Spaß und zusätzliche Herausforderung bringt.

● *Schlangenschütteln.* Die Kinder teilen sich auf in zwei Gruppen: Schüttler und Stampfer. Die Schüttler halten jeder ein 2,5 m langes Seil zwischen Daumen und Zeigefinger, so daß sein Ende über den Boden schleift. Die Schüttler müssen, während sie das Seil schütteln, durch den Raum rennen. Die Stampfer versuchen, auf das Seil zu treten und es dadurch den Schüttlern zwischen den Fingern wegzuziehen. Wenn ein Stampfer auf das Seil getreten und es auf den Boden gefallen ist, hebt er es auf und wird zum Schüttler. Der Schüttler, der das Seil fallengelassen hat, wird zum Stampfer. Falls nötig, kann es mehr Stampfer als Schüttler geben.

● *Schätzen und Gewinnen.* Dies ist eine Strategie, die den Akzent beim „Gewinnen“ verlagert vom Schnellsten zu demjenigen, der am besten weiß, wie er läuft. Jeder Spieler schätzt die Zeit, die er brauchen wird, um die Entfernung zurückzulegen, und sieht wie nahe er mit seiner

Voraussage darankommt. Die Läufer versuchen, sich gegenüber ihren vorherigen Schätzungen zu verbessern – eine andere Art und Weise zu gewinnen.

- *Kerzentragen.* Dies ist ein Staffelspiel, das diejenigen mit einem mäßigen Tempo begünstigt. Eine angezündete Kerze wird über eine Bahn getragen und von Spieler zu Spieler weitergegeben, während diese dreiradfahren, fahrradfahren, schwimmen oder joggen. Ein zu rasches Tempo kann die Flamme löschen, und ein zu langsames Tempo kann dazu führen, daß die Flamme von selbst verlöscht (wenn die Kerze herunterbrennt).

- *Völkerball mit Seitenwechseln.* Wie bei gewöhnlichem Völkerball beginnen die Spieler auf verschiedenen Seiten einer Linie und versuchen, mit einem Ball auf die Spieler auf der anderen Seite zu werfen. Jedoch in dieser Version, bei der es keine Verlierer gibt, läuft ein Spieler, wenn er vom Ball getroffen ist, sofort auf die andere Seite zum anderen Team und setzt das Spiel fort. Die Spieler sind ununterbrochen dabei, zu werfen, auszuweichen, abzutreffen, abgetroffen zu werden und die Seiten zu wechseln. Das Ziel ist, am Ende alle Spieler auf einer Seite zu haben, wozu einige Rangelei notwendig ist. Man könnte auch versuchen, ganze Seiten wechseln zu lassen.

  Das Spiel scheint in kleinen Teams besser zu funktionieren. Wenn jede Seite fünf Spieler hat (was ideal ist), benutzen wir im allgemeinen vier Strandbälle, vier sehr weiche Gummibälle oder vier Kissen. Bei zehn Spielern pro Seite haben wir acht oder neun Bälle (oder Kissen) im Spiel. Das Seitenwechseln zusammen mit den zusätzlichen Bällen und dem mäßig großen Spielfeld gewährleisten, daß jeder ununterbrochen beteiligt ist. Das Spiel läßt sich auch in Paaren spielen – zum Beispiel halten zwei ein Kissen oder Handtuch und werfen den Ball oder ein weiteres Kissen. Passen Sie die Größe des Spielfeldes nach Bedarf an.

Ruhigere Spiele im Haus

● *Aura.* Können menschliche Auren Menschen wirklich einander näherbringen? Hier ist eine Gelegenheit, das herauszufinden. Die Partner stehen einander gegenüber und strecken ihre Arme gerade nach vorn, bis ihre Handfläche einander berühren. Dann schließen beide Partner die Augen, lassen ihre Hände sinken und drehen sich dreimal auf der Stelle im Kreis. Sie halten die Augen weiterhin geschlossen und versuchen, den Kontakt über eine oder zwei Handflächen herzustellen. Man kann dieses Spiel auch zu dritt oder mehr spielen. Dann bildet man einen Kreis.

● *Liedzeichnen.* Die Gruppe erhält eine großes Blatt Papier und einen Filzstift. Ein Spieler wählt dann einen von mehreren Papierstreifen, auf die der Spielleiter Titel bekannter Lieder geschrieben hat. Dieses Papier bringt er dann zurück zu seiner Gruppe und zeichnet, ohne zu sprechen, Anhaltspunkte zu dem jeweiligen Lied. Die übrigen Kinder versuchen, das Lied aus den aufgemalten Anhaltspunkten zu erraten. Wenn jemand das richtige Lied nennt, steht die ganze Gruppe auf, hakt sich ein und singt das Lied. Ein zweiter Spieler wählt dann den Titel eines weiteren Liedes.

● *Piep.* Alle haben die Augen geschlossen. Der Spielleiter flüstert einem Spieler ins Ohr: „Du bist der Piep". Jeder sucht mit geschlossenen Augen die Hand eines anderen, schüttelt sie und fragt: „Piep?" Dies klingt wie das hohe Stimmchen eines kleinen Vogels. Wenn beide Spieler „Piep?" fragen, lassen sie die Hand wieder los und gehen zu jemand anders. Der Piep bleibt das ganze Spiel hindurch stumm. Ein Spieler, der auf die Frage „Piep?" keine Antwort erhält, hat den Piep gefunden und wird ein Teil von ihm, indem er Pieps Hand festhält und von nun an stumm bleibt. Jeder, der die Hand irgendeines Teils von Piep schüttelt, wird ebenfalls ein Teil, und der Piep wird immer größer, bis alle im Zimmer einander an der Hand halten. Wenn die Gruppe zu einem Riesenpiep geworden ist, bittet der Spielleiter alle, die Augen zu öffnen. Wenn die Spieler Schwierigkeiten haben, den Piep zu finden, kann man die Größe der Spielfläche verringern, oder der Vogel kann ab und zu ein unerwartetes Tschilpen von sich geben.

● *Nonverbale Geburtstagsreihe.* Die Kinder werden gebeten zu versuchen, sich nach dem Tag und dem Monat ihres Geburtstages aufzustellen, „ohne zu sprechen". Auf die Plätze, fertig .... los! Dies dürfte zu einigen interessanten Mitteln der Kommunikation zu einem gemeinsamen Ziel anregen.

Akrobatik mit Partnern

● *Menschliche Stützen.* Zwei Leute halten eine horizontale Stange, während ein dritter daran einen Felgenaufschwung, -umschwung oder einen Kniehang macht. Die Stange kann entweder in Brusthöhe gehalten werden oder in Schulterhöhe oder mit ausgestreckten Armen über dem Kopf. Wenn nötig, können vier oder fünf Leute die Stange hochhalten. Jeder kommt an die Reihe beim Hochhalten der Stange und beim Turnen an der Stange. Die Stangenhalter passen sich mit der Stange an oder bewegen sie, um dem Turner zu helfen.

● *Leiterreise.* Eine weitere Form der Bewegung mit menschlichen Stützen. Die Spieler verteilen sich entlang den Seiten einer stabilen Leiter, Bank oder Planke und heben sie auf, so daß sie sie mit ausgestreckten Armen horizontal unter ihrer Taille halten. Das eine Ende der Leiter wird zum Boden gesenkt, so daß der „Reisende" darauftreten oder -kriechen kann. Dann wird die Leiter langsam wieder in eine horizontale Lage gebracht, und der Reisende läuft oder kriecht darüber. Wenn er ans andere Ende gelangt, wird dieses Ende gesenkt, so daß er heruntersteigen kann. Der Reisende wird dann zum Träger für den nächsten Reisenden. Je nach Größe und Stärke der Spieler kann die Leiter horizontal in Schulterhöhe oder sogar über dem Kopf getragen werden (und vielleicht sogar senkrecht mit der richtigen Gruppe und Sicherheitsvorkehrungen). Die Leiterträger können auch herumlaufen, während der Reisende auf der Leiter sitzt oder auf ihr herumkriecht, und/oder die Leiter hin und her schaukeln.

Partnerakrobatik △

▽ *Leiterreise*

Wasserspiele

Bei geeigneter Aufsicht und normalen Sicherheitsvorkehrungen ist Wasser ein vorzügliches Medium für kooperative Spiele sowohl in natürlicher Umgebung als auch in einem Schwimmbad. Viele der hier dargestellten Spiele lassen sich auch im Matsch oder Schnee spielen.

● *Brücke über's Wasser.* Das Ziel dieses Spiels ist, alle Spieler einzusetzen, um eine Person quer durch das flache Ende des Schwimmbekkens zu transportieren, ohne sie zu tragen und ohne daß sie ins Wasser geht. Dazu gibt es mehr als eine Möglichkeit. Hier ist ein Beispiel: Die Spieler bilden zwei Reihen quer durch das flache Ende des Schwimmbeckens. Die Spieler in jeder Reihe stehen einander gegenüber und fassen den jeweils gegenüberstehenden Spieler am Handgelenk, so daß sie eine Brücke bilden. Ein Spieler beginnt, über die Brücke zu kriechen, aber vielleicht ist die Brücke zu kurz für ihn, es sei denn, diejenigen, die den vorderen Teil der Brücke bilden, rennen ans Ende, sobald der Spieler an ihnen vorbeigekrochen ist.

Für jüngere Gruppen kann man eine Geschichte dazu erfinden, warum die Person (Tier, Prinzessin oder was auch immer) nicht naß werden darf. In älteren Gruppen können die beiden Reihen von Leuten auch versuchen, jemanden über dem Kopf von einer Schwimmreifeninsel zur nächsten zu transportieren.

● *Stromschnelle.* Am flachen Ende des Schwimmbeckens werden zwei Reihen gebildet. Die Spieler in jeder Reihe stehen einander gegenüber, und jeder Spieler faßt den ihm gegenüberstehenden an beiden Händen. Alle Spieler bewegen die Arme in einer Kreisbewegung im Uhrzeigersinn knapp unter der Wasseroberfläche. Wenn das Wasser beginnt, sich die Stromschnelle hinunterzubewegen (den Bereich zwischen den beiden Reihen), treibt das jeweils erste Paar in der Reihe auf dem Rücken liegend die Strömung hinunter, ein Paar nach dem anderen. Wenn sie ans Ende der Stromschnelle gelangen, fassen sie einander an der Hand und halten die Strömung für das nächste Paar in Bewegung.

● *Strudel.* Die Spieler bilden einen großen Kreis in der Nähe einer Ecke des Schwimmbeckens. Die Leute im Kreis fassen einander an der

Hand und bewegen den Kreis umher so rasch sie können. Wenn das Wasser beginnt, kleine Wellen zu schlagen und sich langsam Strömung entwickelt, lösen sich abwechselnd Spieler aus dem Kreis und treiben mit dem sich vom Kreis wegbewegenden Wasser. Die Gruppe kann auch in der Mitte des Beckens einen großen Kreis bilden, und wenn der Kreis sich schließlich rasch bewegt, alle gleichzeitig loslassen und mit der Strömung auf dem Rücken nach außen treiben.

Spiele mit kollektiver Wertung

Die Absicht, daß zwei oder mehr Individuen oder Gruppen zusammenarbeiten, um ein allen Beteiligten dienliches Ziel zu erreichen, ist für die kooperative Spielidee zentral. Kollektive Wertung ist ein Mittel, einem oder mehreren Teams zu ermöglichen, für ein gemeinsames Ziel zu spielen. Ein Team erzielt seinen Erfolg nicht, indem es *gegen* ein anderes oder auf Kosten eines anderen konkurriert; statt dessen „gewinnen" beide dadurch, daß sie zusammenspielen.

Wie in den anderen kooperativen Spielen ist Flexibilität eine wichtige Komponente. Leute mit den verschiedensten Fähigkeiten und Fertigkeiten können spielen. Die Zahl der Spieler pro Seite läßt sich den jeweiligen Gegebenheiten anpassen. Den Spielern steht es frei, die Seiten zu wechseln, da die Teams nicht länger starr festgelegt sind oder einander feindlich gegenüberstehen. Die Spieler können wählen, ob sie den Ball aufschlagen oder spielen wollen. Sie können sich aussuchen, womit und auf welche Weise sie den Ball vorwärtstreiben wollen. Bälle von buchstäblich jeder Größe oder Form können benutzt werden einschließlich Strandbällen, Stoßbällen (oder Monsterbällen), gewöhnlichen Ballons oder Wetterballons. Die Zahl der Bälle ist beliebig. Netzständer können 6 Meter oder 5 Zentimeter hoch sein. Netze können schräg sein, durchhängen oder sogar überkreuz stehen in Form eines großen X, mit einem Team in jedem der vier Quadranten. Die Variationen für kollektives Spiel sind endlos.

● *Ball in der Luft (Volleyball mit kollektiver Wertung).* Eine frühe Version dieses Spiels wurde von den Karibu-Eskimos in den 80er Jahren des vorigen Jahrhunderts gespielt. Das Ziel war, einen Ball aus Seehundsfell in Bewegung zu halten, ohne daß er den Boden berührte. Es wurde keine Punktwertung vorgenommen. In der heutigen Version befindet sich ein Team auf jeder Seite einer Linie, eines Seils oder eines Netzes, und ein Ball wird fortlaufend hin und her geschlagen. Es ist eine gute Idee, bei diesem Spiel anfangs einen Ballon oder einen Strandball zu benutzen, ehe man sich an etwas Schwierigeres wie einen Volleyball wagt. Falls eine Wertung vorgenommen wird, ist sie kollektiv. Zu Beginn zählen die Kinder einen Punkt jedesmal, wenn *irgendjemand* den Ball schlägt, und sie probieren aus, wie oft sie den Ball schlagen können, ehe er den Boden berührt. Die Teammitglieder beider Seiten können die Zahl der aufeinanderfolgenden Schläge auch laut im Chor singen.

Dieses Spiel läßt sich nach verschiedenen Regeln variieren. Der Ball könnte von verschiedenen Teammitgliedern soundsoviele Male oder von allen Mitgliedern einmal („alle berühren“) geschlagen werden, ehe er über das Netz geht. „Alle berühren“ funktioniert am besten, wenn jede Seite drei oder vier Spieler hat. Andere Variationen sind zum Beispiel: unbegrenzte Schläge pro Seite, Punkte werden nur gewertet, wenn der Ball über das Netz geht; zwei Bälle sind gleichzeitig im Spiel; die Spieler probieren aus, für wie lange sie den Ball in der Luft halten können, statt die Schläge zu zählen; die Spieler benutzen den Handrükken, die Fäuste, die Ellbogen, den Kopf, Schläger, Zweige, Luftpumpen, Wasserpistolen, Plastikschläger, Wurfscheiben, Fächer usw., um den Ball in der Luft zu halten.

Eine weitere Möglichkeit ist, das Netz (oder Seil) zu senken, so daß man einen kleinen Gummiball oder Tennisball hin und her springen lassen kann. Das Ziel ist hier, den Ball so oft wie möglich hin und her zu schlagen, entweder so, daß er einmal auf dem Boden aufkommt, oder im Flug. Um den Ball vorwärts zu treiben, kann man entweder die offene Hand oder einen Paddelball Schläger benutzen. Sicher kommen Sie auch auf eigene Variationen.

● *Monstervolleyball mit kollektiver Wertung.* Bei diesem Volleyballspiel mit gemeinsamer Wertung wird ein riesiger, hohler, mit Segeltuch bezogener, Stoßball oder Monsterball genannter Gummiball benutzt. Man kann auch einen Wetterballon nehmen (fragen Sie Ihre örtliche Wetterstation) oder eine Anzahl Strandbälle in einem großen Netz oder „Kartoffelsack“ einnähen, oder Sie können einen Stoßball über Ihr örtliches Sportartikelgeschäft bestellen. Bei diesem Spiel schlagen oder stoßen die Spieler auf jeder Seite des Netzes den Ball fortlaufend hin und her. Jedesmal, wenn der Ball über das Netz geht, wird ein kollektiver Punkt gewertet. Wenn der Ball den Boden berührt, beginnt das Zählen wieder von vorn. Durch den großen Ball wird die Zahl der Spieler erhöht, die direkt daran beteiligt sind, ihn über das Netz zu bringen, da ein Spieler den Ball gewöhnlich nicht allein bewegen kann, sondern die Hilfe anderer Teammitglieder braucht.

- *Schlagen und Flitzen.* Nur selten teilen wir Gruppen nur nach dem Geschlecht ein. In einer Schule stellten wir jedoch fest, daß die Jungen der 4. und 5. Klasse sich beschwerten, wenn sie mit den Mädchen zusammen spielen sollten, und wenn sie tatsächlich miteinander spielten, rissen die Jungen stets den Ball an sich. In einem Versuch, dieses Problem zu lösen, dachten wir uns folgendes Spiel aus. Die Jungen begannen auf der einen Seite des Netzes, die Mädchen auf der anderen. Jedesmal, wenn jemand aus einem Team den Strandball über das Netz schlug, flitzte er unter dem Netz hindurch zur anderen Seite. Statt einer kollektiven Punktzahl war das gemeinsame Ziel hier, die Teams vollständig auszutauschen und den Ball dabei so selten wie möglich fallenzulassen.

- *Schlagen und Flitzen im Team.* Diese Weiterentwicklung von Schlagen und Flitzen ermöglicht etwas mehr Aktivität, besonders bei größeren Teams. Das Ziel ist, als Team so oft wie möglich hintereinander den Ball zu schlagen und auf die andere Seite zu flitzen. Es werden vier Teams gebildet. Team 1 und 2 beginnen auf der einen Seite des Netzes, Team 3 und 4 auf der anderen. Jedes Team wählt einen Codenamen. Wenn ein Spieler den Ball über das Netz schlägt, ruft er den Codenamen des Teams, und sein ganzes Team flitzt unter dem Netz hindurch auf die andere Seite. Das hält sie in Trab, besonders, wenn Sie zwei Bälle benutzen. Eine weitere Variation ist, nur Teammitglieder, die den Ball berührt oder geholfen haben, den Ball in eine günstige Position zu bringen, unter dem Netz hindurchflitzen zu lassen, wenn der Ball hinübergeschlagen worden ist.

- *Kollektiver Deckenball.* Zwei Teams von etwa acht oder zehn Spielern verteilen sich um zwei robuste Decken oder um 2 Stücke

Kollektiver Deckenball

haltbaren Stoffs ähnlicher Größe. Sie ergreifen den Rand ihrer Decke, und ein Strandball oder ein Monsterball wird in die Mitte einer der beiden Decken gelegt. Zum Aufwärmen werfen die Gruppen den Ball in die Luft und fangen ihn mit der Decke wieder auf oder rollen den Ball am äußeren Rand der Decke entlang. Die Teams befördern den Ball dann hin und her, indem sie ihn alle gleichzeitig dem Empfängerteam zuwerfen. Ein Team kann den Ball auch senkrecht in die Luft werfen und wegrennen, so daß das andere Team darunterrennen kann, um ihn mit seiner Decke aufzufangen.

Man kann auch jedem Team seinen eigenen Ball geben, so daß die beiden Teams den Ball austauschen können, indem sie ihn auf ein vereinbartes Zeichen hin gleichzeitig dem jeweils anderen Team zuwerfen.

Gruppen, die zusätzliche Herausforderung suchen, können auch zu jonglieren versuchen, indem sie probieren, ob sie kontinuierlich zwei oder mehr Bälle in der Luft halten können. Dies kann zunächst von einem Team allein probiert werden, das dafür sorgen muß, daß stets einer von zwei Bällen in der Luft ist. Später können Bälle dann von einem Team zum anderen geworfen werden. Um mehr Leute zu beteiligen, kann man eine kräftige Bettdecke, ein großes Stück leichtes Segeltuch oder einen Fallschirm benutzen. Eine Variation dieses Spiels, die bekannt ist als kollektiver Netzball, läßt sich im flachen Wasser spielen mit einem Fischnetz anstelle einer Decke.

● *Deckenball mit kollektiver Wertung.* Zwei Teams benutzen eine Decke, um einen Strandball (oder einen großen Stoßball) hin und her über ein Volleyballnetz zu werfen. Jedesmal, wenn der Ball von dem einen Team über das Netz geworfen und mit Erfolg in der von dem anderen Team gehaltenen Decke aufgefangen worden ist, wird ein kollektiver Punkt angeschrieben. Dieses Spiel ist in seiner Struktur außerordentlich kooperativ, da jedes Teammitglied jedesmal beteiligt ist, wenn sein Team den Ball wirft oder fängt. Außerdem arbeiten beide Teams auf ein gemeinsames Ziel hin. Es bleibt die kollektive Herausforderung, so viele Punkte hintereinander wie möglich zu erzielen.

Dieses Spiel ist von vielen verschiedenen Altersgruppen sehr gut aufgenommen worden. Einmal hatten wir drei verschiedene kollektiv gewertete Deckenballspiele gleichzeitig laufen, was die gesamte Länge einer großen Turnhalle in Anspruch nahm. Einmal sah ich hinter einem Monsterball hervor und bemerkte, wie ein anderer Monsterball seitwärts einem angrenzenden Team auf der gleichen Seite der Turnhalle zugeworfen wurde. Bei einer weiteren Gruppe flogen zwei Strandbälle gleichzeitig durch die Luft. Die Spieler hatten Spaß daran, mit Bällen, Decken und sogar Handtüchern jeweils verschiedener Größe zu experimentieren.

● *Balloneimer (Kollektives Reifenspiel).* Je zwei Kinder erhalten einen Strandball oder Ballon. Für eine Gruppe von zwanzig werden etwa acht oder zehn Hula-Hoop Reifen am Rande einer Spielfläche entlang auf dem Boden verteilt. Die Partner schlagen die Ballons nonstop hin und her und versuchen, dabei Punkte zu erzielen. Um einen Punkt zu erzielen, muß es einer der beiden Partner fertigbringen, einen Reifen aufzuheben, den Ballon dort hindurchzubringen, den Reifen wieder auf dem Boden zu plazieren, während beide weiterhin den

Balloneimer

Ballon hin und her schlagen. Das Ziel dieses Spiels ist, daß die gesamte Gruppe kollektiv während einer bestimmten Zeitspanne (zum Beispiel bei zwanzig Leuten in fünf Minuten) so viele Reifen wie möglich sammelt. Kein Spieler darf rennen, während er den Ballon hat. Kein Spieler darf den Ball zweimal hintereinander schlagen. Er muß von einem Partner und dann von dem anderen geschlagen werden.

Dies ist ein ganz aktives Spiel mit voller Beteiligung und einer Menge Kooperation. Es läßt sich mit Gruppen jeder Größe spielen, indem man lediglich die Zahl der Reifen anpaßt, die ausgelegt werden. Statt in Paaren kann man es auch in Dreierteams spielen.

● *Kollektive Erdumkreisung.* Dies ist unsere kooperative Bearbeitung eines „Erdumkreisung“ genannten Spiels, das einen stärkeren Wettspielcharakter hat. Bei Kollektiver Erdumkreisung bildet eine

Gruppe von Spielern einen großen Kreis und eine andere Gruppe einen kleineren Kreis innerhalb des großen. Die inneren Spieler liegen auf dem Rücken (auf Matten, Gras oder Sand) mit dem Kopf in Richtung auf den Mittelpunkt des Kreises und den Füßen in der Luft in Radfahrposition. Die äußeren Spieler stehen, die Arme einsatzbereit. Das Ziel des Spiels ist, daß alle Spieler zusammenarbeiten, um einen Monsterball im Spiel zu halten, während sie sich gleichzeitig im Kreis bewegen. Der Ball bewegt sich hin und her zwischen den inneren Spielern, die ihn mit den Füßen in Richtung auf die äußeren Spieler kicken, und den äußeren Spielern, die ihn mit den Händen zurückstoßen. Beide Teams versuchen, dafür zu sorgen, daß der Ball nicht den Boden berührt. Man kann laut zählen, wie oft sich der Ball zwischen dem inneren und dem äußeren Kreis hin und her bewegt. Mann kann auch zusätzlich noch einen Strandball im äußeren Kreis herumgehen lassen. (Gebrauch der Hände), während der Monster-Ball im Spiel ist.

- *Kollektive Erdumkreisung mit Volleyball.* Dies ist eine Kombination von Kollektiver Erdumkreisung und Monsterball mit kollektiver Wertung. Je eine Kreisbahngruppe (ein innerer Halbkreis von Spielern mit den Füßen einsatzbereit in der Luft in Richtung Netz und ein äußerer Halbkreis von Spielern mit den Händen einsatzbereit in der Luft) ist auf beiden Seiten eines Netzes in Stellung. Die Spieler im inneren Halbkreis versuchen, den Ball über das Netz zu kicken, und die Spieler im äußeren Kreis versuchen, den Ball zu fangen und den Spielern im inneren Halbkreis auf ihrer Seite zuzuwerfen, so daß diese ihn in eine Erdumlaufbahn bringen (den Spielern im äußeren Halbkreis auf der anderen Seite des Netzes zuwerfen) können. (Alle arbeiten zusammen, um dafür zu sorgen, daß der Ball nicht den Boden berührt). Jedesmal, wenn der Ball über das Netz geht und auf der anderen Seite gefangen wird (sicher landet), gibt es einen kollektiven Punkt. Wenn der Ball auf dem Boden aufkommt, ist es eine Bruchlandung, und er muß „wieder abgeschossen“ werden. Die Größe des Balles und die Höhe des Netzes lassen sich der Gruppe anpassen, und die Spieler können zwischen innerem und äußerem Kreis rotieren.

Bei einer Variation dieses Spiels tun sich die Spieler im äußeren Kreis in Paaren zusammen und gebrauchen Handtücher, um den Ball zu fangen und ihn den Spielern im inneren Kreis so zuzuwerfen, damit diese ihn in eine Erdumlaufbahn schießen können.

● *Alle auf einer Seite.* Haben Sie schon einmal von einem Volleyballspiel gehört, daß mit einem Team von vier oder fünf Spielern auf der einen Seite des Netzes und mit keinem Team auf der anderen Seite anfängt? Wenn nicht, dann hören Sie jetzt davon. Das Ziel ist, das eigene Team so oft wie möglich auf die andere Seite des Netzes und zurück zu bringen. Als Ball wird ein Ballon benutzt. Jeder Spieler spielt den Ballon einem anderen Spieler zu und flitzt dann unter dem Netz hindurch auf die andere Seite. Der letzte Spieler, der den Ball berührt, schlägt ihn über das Netz und flitzt darunter hindurch. Die Spieler, die den Ballon fangen, versuchen, ihn im Spiel zu halten und wiederholen den Vorgang. Wenn das Team besser wird, versuchen Sie, zwei Ballons gleichzeitig ins Spiel zu bringen.

● *Stein.* Dieses Spiel, das man nicht verlieren kann, kombiniert totale Beteiligung am Schlagen, Feldspielen und Punktegewinnen. Vier oder fünf Bases (Male) sind auf dem Feld oder Boden verteilt. Ein Spieler fängt am Homeplate (Schlagmal) an und befördert durch Schlagen, Kicken, Schießen oder Werfen einen Gegenstand ins Spielfeld. Dann beginnt er, die Bases so schnell wie möglich zu passieren. Er muß um jedes Base einmal ganz herumlaufen (statt es nur zu berühren), ehe er zum nächsten Base weiterläuft. Die Feldspieler fangen den Gegenstand (Ball, Puck, Bohnenbeutel, Wurfscheibe, Wasserballon, Kürbis) oder heben ihn auf und geben ihn an alle Feldspieler weiter. Wenn der letzte Spieler im Feld den Gegenstand erhält, ruft er „Stein!" Der Spieler, der ihn geworfen hat, muß dann wie versteinert stehenbleiben, egal, wo er sich gerade befindet, selbst zwischen zwei Bases. Dann geht ein anderer Feldspieler zum Homeplate, wirft den Gegenstand und beginnt, die Bases zu passieren. Alle im Feld „versteinerten" Läufer können ihren Rundlauf fortsetzen, wenn der Gegenstand von dem nächsten Schlagmann ins Spielfeld geworfen worden ist. Jeder Schläger versucht, so weit um die Bases herumzukommen wie möglich, ehe jemand „Stein!" ruft. Es gibt jedesmal einen Punkt, wenn ein Spieler einen Rundlauf um die Bases ganz vollendet hat. Das Spiel geht weiter, bis der kollektive Punktwert gleich der Anzahl der Spieler ist, was bedeuten soll, daß jeder Spieler einen Punkt erzielt hat.

Dieses Spiel läßt sich spielen als Abwandlung von Eishockey (wobei man den Puck schießt), Kickball (wobei man den Ball kickt), inner tube water polo[1] (wobei man den Ball von einem Autoreifenschlauch aus wirft), Softball[2], amerikanischem Fußball (wobei der Ball ins Feld geworfen wird), Besenball (wobei der Ball nur mit einem Besen geschlagen wird), Skate Board Ball (wobei man den Ball auf kleinen Skate Boards sitzend weitergibt) oder was die Spieler sonst entscheiden. Die Zahl der Bases und die Entfernung zwischen ihnen hängt von dem gespielten Spiel, den Fähigkeiten der Spieler und der Zahl der Teilnehmer ab. Wenn das Spiel einmal angefangen hat, lassen sich Regulierungen vornehmen, so daß die Zeit, in der der Rundlauf mit einem wohlplazierten Ball abgeschlossen wird, und die Zeit, in der die Feldspieler den Ball an jeden herumreichen, nahe beieinanderliegen. Die Feldspieler können auch unterschiedliche Methoden benutzen, um den Ball einander weiterzugeben. Sie können alle auf den Ball zulaufen und ihn schnell untereinander weiterreichen; sie können in ihrer Position auf dem Feld bleiben und den am nächsten stehenden Spieler den Ball fangen lassen und ihn dann herumreichen; sie können alle auf den Ball zulaufen, eine Reihe bilden und den Ball unter den Beinen von einem zum anderen weitergeben und so weiter.

- *Umgekehrte Wertung.* Wenn Sie ein Spiel wollen, das wirklich mit dem gegenwärtigen Konzept von Gewinnen und Verlieren spielt, versuchen Sie ein Spiel mit umgekehrter Wertung. Jedesmal, wenn Sie gegenüber dem anderen Team einen Treffer erzielen, erhält das andere Team einen Punkt. Es ist ein Geschenk! Wenn Sie noch mehr Verwirrung stiften wollen, schaffen Sie die Torhüter ab und lassen Sie die Spieler, die einen Treffer erzielen, zum „gewinnenden“ Team überwechseln, das das Team mit den meisten Punkten ist, aber eigentlich das schwächste Team, da es seine Punkte dadurch bekommt, daß das andere Team Treffer erzielt. Wenn alles vorbei ist, fragen Sie, wer gewonnen hat.

- *Ball des Jahrhunderts.* Ein großartiges kooperatives Spiel, das noch erfunden werden muß. Sehen Sie, was Sie sich ausdenken können!

---

1 Wasserpolo, bei dem die Spieler auf Autoreifenschläuchen sitzen. (Anm. d. Übers.)

2 Ein dem Baseball ähnliches Spiel, das jedoch mit einem größeren, weicheren Ball und ohne Handschuhe gespielt wird. (Anm. d. Übers.)

Das Spiel der kleinen Leute: Kooperatives Spiel mit Vorschulkindern

Ich erinnere mich, wie ich mir, als wir zuerst anfingen, mit Vorschulkindern zu spielen, Sorgen gemacht habe darüber, wie man eine Gruppe kleiner Kinder an einer Stelle versammeln könnte, ganz zu schweigen davon, sie dazu zu bringen, in einem Spiel zusammenzuarbeiten. Aber wir waren hartnäckig, wir paßten uns an, wir zerbrachen uns den Kopf und schraubten die Ansprüche unserer Spiele zurück. Als Ergebnis tauchten im Laufe eines Jahres einige sehr interessante und befriedigende Dinge auf. Die Kinder fingen nicht nur an, innerhalb der Spiele zu kooperieren, sondern Zeichen des Zugehörigkeitsgefühls begannen, auch ihr unstrukturiertes Spiel außerhalb der angeleiteten Spiele zu erfüllen.

Wir entdeckten zwei grundlegende „Probleme" bei der Arbeit mit drei- und vierjährigen Kindern. Anfangs hatten wir die Spiele (oder Anweisungen) nicht in genügend kleine Schritte aufgegliedert. Dies wurde gewöhnlich innerhalb weniger Minuten deutlich: die Kinder wußten nicht, was sie machen sollten, oder das Spiel klappte einfach nicht. Oft kann man die Dinge an Ort und Stelle zurechtbiegen, indem man größere Gedanken unmittelbar in kleine Schritte aufgliedert, die Kinder durch die Handlung hindurch leitet oder die Anforderung herunterschraubt. Es hilft, wenn man mit den Kindern zusammen am Spiel teilnimmt, zumindest, bis sie mit dem Spiel vertraut sind. Manchmal kann ein Spiel trotz aller Mühe wirklich total danebengehen, und Sie müssen es der Erfahrung gut schreiben und darüber nachdenken, wie Sie die Situation in der nächsten Spielstunde verändern können.

Ein uns persönlich stärker beunruhigendes Problem war die Tatsache, daß in einigen Gruppen ein paar Kinder sich nicht an unserem kooperativen Spiel beteiligen wollten. Diese Kinder, die sich nicht beteiligen, sind gewöhnlich diejenigen, die von der Teilnahme am meisten profitieren würden. Es fehlen ihnen oft die geeigneten Fertigkeiten, um mit anderen in einer positiven Weise zu interagieren, oder sie fühlen sich nicht akzeptiert. Keith, ein kleiner Kerl von vier Jahren, setzte sich sofort an den Rand, als er die Turnhalle betrat. Die Lehrerin informierte mich, daß er den anderen nicht gleichgestellt war und wahrscheinlich „Angst hatte, bei einem Spiel mitzumachen“. Da war er erst vier Jahre auf dieser Welt und sich schon genau bewußt, daß Spiele etwas für die Geschickteren sind! Was mache ich in solchen Situationen?

Zunächst ermutigte ich solche Kinder, mitzumachen. So etwa wie: „Los, Keith, diese Spiele machen wirklich Spaß. Sie gefallen dir bestimmt“. Wenn das nicht hilft, versuche ich, andere Kinder zu ihnen zu schicken, um sie zu holen, besonders, wenn für ein Spiel zwei oder drei Spieler benötigt werden. Als nächstes bitte ich sie, mein Partner zu sein. Das hilft manchmal, manchmal auch nicht.

Wenn ich fortgesetzt solche Rückschläge wie „Ich will aber nicht spielen“ erlebe, wirkt sich eine andere Vorgehensweise meiner Meinung nach günstig aus. Ich sorge dafür, daß diese Kinder stets in die Turnhalle kommen, selbst wenn sie nicht spielen wollen. So weiß ich zumindest, daß sie den anderen Kindern beim Spielen zusehen. Vielleicht sehen sie, daß es Spaß macht, daß jeder akzeptiert wird und daß sie nicht besonders gut zu sein brauchen. Sie lernen auch, wie das Spiel geht und wie die Kinder als Einheit zusammenarbeiten, damit es funktioniert. Ich warte und beobachte und ermutige und warte noch etwas. Auch sie warten und beobachten und warten noch etwas. Am Ende werden sie gewöhnlich hineingezogen. Nach acht Wochen zum Beispiel beteiligte sich Keith von sich aus an seinem ersten Spiel. Ich atmete erleichtert auf.

Was aus solchen Erfahrungen ganz klar hervorgeht, ist, daß man sich mit Kindern Zeit lassen muß. Die Dinge geschehen nicht immer sofort. Man muß gegen die eigene Enttäuschung ankämpfen, wenn eine Veränderung nicht über Nacht eintritt. Es braucht viel Zeit zu lernen, kooperativ und rücksichtsvoll zu sein, insbesondere, wenn andere soziale Kräfte in die entgegengesetzte Richtung ziehen. Es braucht Zeit, um ein Gefühl von Vertrauen und Akzeptiertsein zu entwickeln, bei einigen Kindern mehr als bei anderen.

Die meisten Vorschulerzieher und Kindergärtnerinnen sind sich dieser Tatsache bereits bewußt. Eine Kindergärtnerin, die einige meiner kooperativen Spiele mit Vierjährigen ausprobiert hatte, schrieb mir:

Wir stecken die Köpfe zusammen △

▽ *Wir einigen uns*

„Die Kinder haben gerade begonnen, dabei zu helfen, das Material wegzuräumen. Ich fing an mit dem Zurückschieben der Bänke an die Wand. Zuerst waren sie an beiden Enden und die Bank ging im Kreis. Dann sagte ein Kind: ‚Alle auf eine Seite und schieben'. Es dauerte 2–3 Minuten, die Bank da hinzuschaffen (und eine Bank fiel auf einen Fuß, nichts Ernstes), aber sie jubelten, als sie fertig waren. Sie räumen nun auch ihre eigenen kleinen Matten weg und sind ganz gut im Kooperieren."

Einige der kooperativen Spiele, die sie bei den Kindern einführte, endeten zunächst in einer „Katastrophe", aber Geduld und Ausdauer führten zum Erfolg.

So wie man sich Spiele ausdenken muß mit dem Kind vor Augen, muß Spielmaterial speziell für kleine Kinder entwickelt und angepaßt werden. Wir brauchen dringend Spielmaterial, das kleinen Leuten erleichtert, zu kooperieren und Erfolg zu haben. Wir sollten zumindest einige Materialien für Spielplatz und Spielzimmer entwickeln, die nur gut funktionieren, wenn zwei oder mehr Kinder zusammenarbeiten (z.B. Dreiräder für zwei, Schaukeln für drei, Schaukelpferde für vier, roly-polies[3], Balancierbretter[4] und Rutschen für fünf oder sechs usw.). Kinder können dazu angespornt werden, ihr Material selbst gemeinsam zu konstruieren, es gemeinsam an Ort und Stelle zu bringen und gemeinsam damit zu spielen. Wir könnten Nutzen ziehen von kooperativeren Spiel-„requisiten", wie riesigen Kartoffelsäcken oder riesigen Raupendecken, die es mehreren Kindern ermöglichen, zur gleichen Zeit zusammen zu spielen. Wir brauchen auch Bälle, Schläger, Boote, Netze, Pucks, Spielfelder, Netzständer, Spielplatz- und Turngeräte, die dafür entwickelt sind, daß kleine Leute Erfolg haben.

Väter, einen Punkt möchte ich erwähnen, den viele von Ihnen übersehen: *beide* Eltern können an Vorschulaktivitäten mit ihren Kindern teilnehmen. Zumindest in den kooperativen Kindergärten, in denen ich gearbeitet habe, habe ich nur Mütter erlebt, die sich regelmäßig die Zeit genommen haben, freiwillig im Wechsel als Hilfslehrer zu arbeiten.

Ich möchte Ihnen gern sagen Väter, daß Sie eine neue Erfahrung verpassen. Zu beobachten, wie Drei-, Vier- und Fünfjährige mit ihren

---

3 Planken, die über runde, quergelegte Holzklötze rollen. (Anm. d. Übers.)
4 Siehe Bild S. 85. (Anm. d. Übers.)

Wir spielen das Spiel

eigenen innovativen Interpretationen von Spielen ankommen, gibt einem eine Freude, die schwer zu beschreiben ist. Selbst wenn Sie gute Entschuldigungen haben, sollten Sie erkennen, daß Sie nicht nur Ihrem Kind ein paar Augenblicke wichtiger Kameradschaft versagen, sondern auch sich selbst eine Chance, an seiner unwiederholbaren kurzen Kindheit teilzunehmen. Halten Sie sich vor Augen, daß die Zeit, die Sie spielend und zuhörend – und lernend – verbringen, ganz Teil eines größeren Prozesses der Sorge für und um Ihr Kind ist.

Außerhalb von Klassenzimmer oder Vorschule bieten Kindergeburtstagsfeste eine gute Gelegenheit, einige der kooperativen Spiele einzubringen. Hier soll schließlich gefeiert werden und nicht gekämpft oder geweint – wie es allzu oft geschieht, wenn Kinder traditionelle Partyspiele spielen, die Verlierer produzieren.

Eine einfallsreiche Mutter nahm die Gelegenheit des Geburtstages ihres fünfjährigen Sohnes wahr, um das beliebte Spiel „Pin the Tail on the Donkey"[5] in einer neuen, kooperativen Weise umzuarbeiten. In ihrer Version halfen die Kinder einander, dem Esel den Schwanz anzukleben, indem sie dem Spieler, der die Augen verbunden hatte, Richtungen zuriefen. Bei einer anderen Variation arbeiteten sie zusammen, um das ganze Tier an der Wand zusammenzusetzen, der Reihe nach fügte jeder einen anderen Körperteil hinzu – Bein, Kopf, Schwanz –, und wieder wurde der Spieler, der die Augen verbunden hatte, zu der richtigen Stelle an der Wand dirigiert. Das Ergebnis war viel Jubel und keine einzige Träne.

Ein Artikel über meine Spiele für kleine Leute regte eine andere Mutter an, eine neue Version von Verstecken zu erfinden. Bei ihrem kooperativen Versteckspiel begannen zwei Kinder (Hand in Hand) als Sucher, während der Rest der Kinder sich irgendwo im Haus versteckte. Jedesmal, wenn sie jemanden gefunden hatten, nahmen sie ihn bei der Hand, und die Gruppe suchte gemeinsam einen weiteren „Versteckten". Offensichtlich „brauchte es eine Menge Kooperation, um alle dazu zu bringen, in die gleiche Richtung zu gehen", aber die Ergebnisse lohnten die Mühe. Bei Kooperativem Verstecken ist es auch möglich, die ganze Gruppe gemeinsam ein Kind suchen zu lassen, das „sich im Urwald verlaufen hat" (selbst wenn der Urwald zufällig hinter oder unter der Couch liegt).

Kleine Leute können einander auch zeigen, wie man Spielmaterial benutzt, bewegt oder herstellt, und können ebenfalls einander Spiele oder Teile von Spielen beibringen. Ein Weg, wie Kinder einander kooperative Spiele beibringen können, ähnelt einem Puzzle, wobei jedes Kind zu dem Puzzle einen Teil beiträgt. Wenn ein Spiel drei einfache Regeln hat, erhält jedes von drei Kindern eine Spielregel, die auf einer Karte dargestellt ist. Die Kinder kommen in einer kleinen Gruppe zusammen und jedes erklärt seine spezifische Regel, so daß die drei Kinder das Spiel dann spielen können.

5 „Dem Esel den Schwanz anheften", ein Spiel, bei dem Spieler der Reihe nach mit verbundenen Augen versuchen, in einer Zeichnung einem schwanzlosen Esel einen Schwanz an die richtige Stelle zu heften. Sieger ist, wer der richtigen Stelle am nächsten kommt. (Anm. d. Übers.)

Umarbeitung von Erwachsenenspielen

Viele der bisher vorgestellten Spiele ohne Verlierer, besonders die Spiele mit kollektiver Wertung, lassen sich erfolgreich und mit Vergnügen von Teenagern und Erwachsenen spielen, solange das Spiel auf einem für die Gruppe angemessenen Schwierigkeitsgrad gehalten wird. Für viele werden sie zu den „besten Spielen der Stadt". Einige Leute ziehen jedoch vielleicht immer noch Spiele vor, die eine traditionellere, stärker wettkämpferische Struktur haben. Der Augenmerk in diesem Abschnitt wird sein, wie man in diesen Spielen den Spaß und die Beteiligung erhalten kann. Unser Ziel wird dann ein glücklicher, gesunder, lustiger, kooperativer Wettkampf (d.h. semikooperative Spiele). Immer noch wollen wir, daß ein jeder das Spiel mit dem Gefühl verläßt, durch die Erfahrung irgendwie bereichert worden zu sein. Dies ist möglich, selbst innerhalb von Wettspielstrukturen, aber nur, wenn in dem Spiel die rechten Bedingungen und der rechte Geist aufrechterhalten werden. Schließlich ist es die Wahrnehmung eines Menschen der Bedeutung vom Gewinnen oder Verlieren auf der Punktetafel, die wichtig ist – nicht der „Sieg" oder die „Niederlage" an sich. Die Spielerfahrung an sich, nicht irgendein numerischer Wert, wird uns helfen, darüber nachzudenken und die vielen Möglichkeiten des Gewinnens umzuarbeiten.

Peter Hopkins von der Universität von Waterloo hat mit Erfolg einige „semikooperative" Prinzipien in die Praxis umgesetzt in einem innovativen Programm innerhalb der Universität, wo:

1. es keine Offiziellen gibt. Selbstkontrolle und Kontrolle unter den Teammitgliedern regulieren das Spiel.
2. es nur minimale Regeln gibt, die flexibel sind und über die man sich zu Beginn des Spiels einigt oder die im Laufe des Spiels angepaßt werden.

Riesensack der großen Leute

3. es keine extrinsischen Auszeichnungen (Trophäen, Abzeichen usw.) gibt.
4. keine Mannschaftspositionen und Ligastatistiken geführt werden.
5. es freigestellt ist, Punktwertungen festzuhalten.
6. Teams auf jeder Seite so groß sein können wie sie wollen, solange sie gleiche Mitgliederzahl haben.
7. es keine festen Regeln für die Aufnahme gibt. Jeder kann mitmachen.
8. es bei jeder Aktivität freien Ersatz gibt. Wenn man müde ist, läuft man einfach vom Spielfeld herunter, und jemand anders läuft ins Spiel hinein.

9. die Unterbrechungen minimal sind, da es keine Offiziellen gibt.
10. die Spiele durch ihren Charakter und das Fehlen starrer Regeln die Betonung des Vergleichs des Könnens zwischen den Spielern reduziert.

Wie werden diese Prinzipien in die Tat umgesetzt? Beim Hallenhockey z. B. sind alle Wände im Spiel, es gibt keine Offiziellen, kein Abseits und kein Bully. Folglich gibt es nur sehr wenige Spielunterbrechungen. Für jedes Spiel ist eine Stunde angesetzt. Innerhalb dieser Zeitspanne legen die Mannschaftskapitäne zusammen mit ihren Teams den Beginn und das Ende des Spiels fest wie auch die Länge der Halbzeit. Auf Wunsch kann die gesamte verfügbare Zeit hindurch gespielt werden.

Ian McGregor, der Direktor des Freizeitprogramms an der Simon Fraser Universität von British Columbia, führte im Herbst 1977 erstmals ein alternatives Programm innerhalb der Universität ein. Das Programm ist dadurch gekennzeichnet, daß es keine Registrierung, keine Offiziellen, keine Punktwertungen, keine Rangplätze, keine festen Teams und keine Verpflichtung enthält, weiterzumachen, es sei denn, man hat Spaß. Der einzig strukturierte Teil des Programms ist, daß die Sporthalle, einige Geräte und Materialien und ein Assistent (der auf Wunsch Anweisungen gibt) zu bestimmten Zeiten zur Verfügung gestellt werden. Alternative Aktivitäten umfassen Rotationsvolleyball, wo der Aufschläger turnusmäßig zum anderen Team überwechselt, wie auch Basketball, Hockey und Fußball, wo die Spieler zwischen den Teams wechseln.

Bill Harper und seine Mitarbeiter haben sich in ihrer „Spielfabrik“ am Kansas State College, die für Spiel an der gesamten Universität verantwortlich war, ebenfalls einige interssante Alternativen ausgedacht. Unter anderem haben sie Offizielle, starre Pläne und Spielfeldgrenzen abgeschafft. Sie probierten Fußball, Softball und touch football[6] ohne Linien und stellten fest, daß dies lustigere Spiele waren als die „Kasten“-versionen. Sie haben auch auf Stelzen, auf Flugzeugreifenschläuchen und in Schlammlöchern gespielt und einen Tabakspuckwettkampf abgehalten. Sie experimentieren nun mit neuen Sportarten wie Fünfzigmeterkriechen, 120 Meter Unterhürdenlauf, Niedrigspringen (ein sauberer Sprung unter einer Stange hindurch, die nach jedem Mal

6 Bestimmte Version von amerikanischem „football“. (Anm. d. Übers.)

weiter herabgelassen würde), Unterwasser-Jacksturnier[7], Basketball mit sich bewegenden Körben, den ganzen Tag Händchenhalten.

Lou Fabian und Kathy Evans von der Universität von Pittsburgh haben eine neue Form von Basketball in das Freizeitprogramm eingeführt, die auf kooperativen Prinzipien beruht. Es war ihnen klar, daß das Wettkampfsportprogramm an der Universität „nicht den Bedürfnissen aller entsprach". Folglich versuchten sie, eine nicht auf Wettkampf basierende Alternative zu entwickeln, die dem Einzelnen eine Alternative würde. 1977 wurde zum ersten Mal allen im Basketballprogramm der Universität verzeichneten Teams die Alternative der kollektiven Wertung vorgestellt. Die Gesamtpunktwertung für beide Teams repräsentierte die Sieger in der Freizeitliga. Zusätzlich riefen die Spieler selbst ihre Fouls und Ballbesitzwechsel aus. Es gab fliegenden Wechsel von Spielern (ohne Spielunterbrechung), keine Strafwürfe oder keinen Sprungball, und es wurden keine Mannschaftspositionen angeschrieben.

Im ersten Jahr entschieden sich zwanzig Teams dafür (zehn Männer- und zehn Frauenteams), im Freizeitprogramm Basketball mit kollektiver Wertung zu spielen. Beobachtung aus erster Hand und Rückmeldung von diesen Teilnehmern deuteten auf einen erfolgreichen Anfang hin, eine Situation, an der alle beteiligt waren, „die größere Geschwindigkeit fördert, somit mehr körperliche Bewegung verschafft, Kooperation beider Teams auf ein gemeinsames Ziel hin fördert, die Entwicklung positiver sozialer Interaktion begünstigt und eine Umgebung schafft, in der Fähigkeit keine Hauptüberlegung für denjenigen darstellt, der mitmacht oder nicht mitmacht". Sie haben jetzt vor, ihre Ideen in der realen Welt auszuprobieren. Wie sie es ausdrückten: „Wir

7 Jacks ist ein Spiel mit einem ca. 2 cm großen Gummibällchen und 10 ebenso großen Spielsteinen. Es läßt sich allein oder zu mehreren spielen. Ein Spieler wirft das Bällchen in die Luft. Während es auf dem Boden aufkommt und wieder hochspringt, muß er jedesmal einen der auf dem Boden liegenden Steine aufheben und dann mit derselben Hand das Bällchen wieder fangen. Er versucht so, nacheinander alle 10 Steine aufzuheben. Dann werden die Steine wieder auf den Boden geworfen, und in der nächsten Runde versucht er, je 2 Steine auf einmal aufzuheben, dann 3, 4 usw. Wird das Spiel als Wettspiel gespielt, hat derjenige gewonnen, der am weitesten gekommen ist, ohne den Ball fallengelassen zu haben. Wird der Ball fallengelassen, kommt jeweils der nächste Spieler an die Reihe. (Anm. d. Übers.)

wissen nicht, wie es klappt, ehe wir es ausprobiert haben ... und das ist der Ausgangspunkt."

Um die Bedeutung von Siegen auf der Anzeigetafel herunterzuspielen, lassen sich zusätzlich zahlreiche Strategien innerhalb der verschiedenen Typen von Spielstrukturen anwenden, um jeden ins Spiel zu bringen, die Teams auszugleichen, die Stellungen wechseln zu lassen, Erfolgserlebnisse zu verschaffen und ein Element der Kooperation zu gewinnen. Wenn man ein Spiel wie Hallenfußball genau beobachtet, wird man entdecken, daß einige Spieler den Ball nicht einmal berühren. Wie können sie sich beteiligt fühlen? Eine kooperative Strategie, um dieses Problem zu erleichtern, heißt „alle berühren!". Ehe man den Ball schießt, muß er an alle Mitglieder des eigenen Teams weitergegeben und von ihnen berührt worden sein. Eine ähnliche Strategie läßt sich bei der Punktwertung einführen. Bei „ein Punkt für alle" oder „ein Punkt für vier" müssen entweder alle Spieler oder vier verschiedene Spieler ein Tor schießen, ehe ein Team gewinnen kann. Bald fangen die Spieler an, alle Spieler spontan in die Handlung einzubeziehen, selbst wenn solche „Regeln" nicht länger gelten. Wir benutzen gewöhnlich Tore in Übergröße um des zusätzlichen Vergnügens willen, wenn wir in Sportarten wie Fußball „ein Punkt für alle" spielen.

Ein Basketballtrainer an einer Oberschule, der an einem meiner Kurse teilnahm, schlug eine Modifikation in der Punktwertung vor, um die Kooperation unter den Teammitgliedern zu verbessern und Situationen zu vermeiden, wo ein Spieler die meisten (oder alle) Punkte erzielt. Der Gedanke war, die Differenz zwischen denjenigen, die die meisten Punkte erzielt hatten, und denjenigen, die die wenigsten Punkte erzielt hatten, von den Gesamtpunkten ihres Teams abzuziehen. Man nehme zum Beispiel einmal an, ein Team hat 30 Punkte erhalten, wobei der Spieler mit den meisten Punkten 10 Punkte erhalten hat, derjenige mit den wenigsten 0 Punkte. Die Endpunktzahl des Teams wäre 20 (30 minus 10, oder der Gesamtwert minus der Differenz zwischen dem höchsten und dem niedrigsten Punktwert). Wenn ein anderes Team 24 Punkte erzielt hätte, mit der höchsten Punktzahl von 6 und der niedrigsten von 2, wäre die Endpunktzahl ebenfalls 20 (24 minus 4). Man kann einem Team auch Bonuspunkte geben für jedes Mitglied, das einen Punkt erzielt hat (z. B. 2 Punkte für jeden Spieler, der einen Punkt erzielt), oder 10 Punkte nur, wenn alle Mitglieder einen Punkt erzielen, oder die doppelte Punktzahl desjenigen mit den wenigsten Punkten als

Bonus für das Team. Das gibt Trainern sicherlich einen guten Grund, alle spielen zu lassen und die Entwicklung neuer und spannender Spieltaktiken zu fördern.

Rotationsstrategien lassen sich sowohl innerhalb eines Teams einführen als auch zwischen zwei Teams. Bei *Rotation innerhalb des Teams* wechseln die Spieler im Verlauf des Spiels einfach turnusmäßig die Stellungen, so daß jeder dazu kommt, in jeder Stellung zu spielen. Die Spieler sind nicht länger für den Rest ihres „Spielerlebens" starren Entscheidungen unterworfen wie: „Du spielst im Außenfeld", „Du bist Torwart", „Du blockst ab". Die Regeln lassen das nicht zu. Bei *Rotation zwischen den Teams* dehnt sich der Rotationsprozeß auf das andere Team aus. Dies läßt sich praktisch in jeder Sportart durchführen. Bei Rotationsvolleyball zum Beispiel erfolgt die Rotation durch beide Teams hindurch. (Dies tendiert dazu, den Spielern zu ermöglichen, sich auf den Prozeß, auf das „Hier und Jetzt" zu konzentrieren). Wie kann man auf das andere Team wütend sein oder dem anderen Team gegenüber verlieren, wenn man zu irgendeinem Zeitpunkt selbst zum anderen Team gehört?

Einige ziehen es vor, Austausch oder Rotation von Spielern zwischen Teams für Situationen zu reservieren, in denen die Teams in bezug auf Fähigkeit offensichtlich nicht gleich sind. Ungleichgewichtige Punktwertungen stellen gewöhnlich für keinen die beste Art der Herausforderung dar. Es ist besser, dem anderen Team einen oder zwei Spieler extra zu geben oder im Verlauf des Spiels einige Spieler auszutauschen, um die Dinge ins Gleichgewicht zu bringen. Das letzte Ziel ist hier, die Teams einander so stark anzugleichen, daß sie unentschieden spielen. Man kann ungleiche Teams auch ohne Austausch von Spielern einander angleichen. Eine Möglichkeit dazu ist, Regulierungen in der Größe des Tors vorzunehmen. Zum Beispiel könnte man größere Eimer oder mehr Eimer am Ende des Spielfeldes aufstellen (für eine Abwandlung von Basketball), oder eine lange Bank könnte an dem einen Ende des Feldes als Tor für Fußball dienen und eine kurze am anderen.

Eimerball ist eine Form von Basketball mit sich bewegenden Körben. Die Teammitglieder versuchen, bei ihrem eigenen Torwart einen Punkt zu erzielen, der am anderen Ende der Halle steht mit einem Papierkorb (Eimer) in der Hand. Der Torwart steht auf einem Stuhl oder einer leicht erhöhten Plattform und hilft den Mitgliedern seines

„Zwei auf einmal" – Kollektiver Deckenball

Teams, einen Punkt zu erzielen, indem er den Eimer in Richtung des Schusses hält.

Eine weitere Strategie umfaßt die Rotation von Spielern im Verlauf eines Turniers statt eines Spiels. Dies wurde durchgeführt auf einem Provinzhockeyligaturnier für Hausligaspieler in Victoria, British Columbia. Die Zusammensetzung jedes Teams änderte sich im Verlauf des Turniers ständig. Siegen wurde weniger stark betont. Der Hauptaugenmerk lag auf sozialer Interaktion und dem Anknüpfen neuer Freundschaften.

John Salmela von der Universität von Montreal war Gastgeber eines rotierenden Gymnastiktreffens auf Stadtebene mit einem etwas anderen Kurs. Turner von verschiedenen Schulen und Klubs wurden zu Teams zusammengestellt nach der Beurteilung ihrer Fähigkeit durch ihre Trainer, so daß relativ gleiche Teams entstanden. Frühere Konkurrenten halfen ihren neu gefundenen Teamkameraden und feuerten sie an.

Es bildeten sich neue Bindungen, besonders zwischen sehr jungen Turnern und ihren älteren Partnern.

Larry Vea von der Glenayre Schule in Port Moody, British Columbia, wandte ähnliche Prinzipien mit Erfolg in einem Sportprogramm zwischen den höheren Klassen verschiedener Grundschulen an. Alle Schüler, die teilnehmen wollten, wurden einem Team zugeteilt, wobei der Versuch gemacht wurde, die Teams innerhalb jeder Schule einander anzugleichen. Oft wurden zwischen Schulen Freundschaften geknüpft, indem man dafür sorgte, daß die Hälfte der Teammitglieder aus der einen Schule stammte und die andere Hälfte aus der anderen. Zu den weiteren klaren Pluspunkten des Programms gehörte die Tatsache, daß niemand „abgeschnitten" wurde, jeder erhielt während der Spiele die gleiche Spielzeit, die Teams wurden kleingehalten, um für jeden angemessene Spielzeit zu gewährleisten, und es wurden keine Aufzeichnungen von erzielten Punkten gemacht. Da der „Einsatz" an der Anschreibetafel nicht hoch war und da die Teams gemischt waren, durchzog die meisten Spiele eine entspannte und gesunde Atmosphäre.

Ich würde so etwas liebend gern im Sport auf internationaler Ebene sehen, um die Länder wirklich zusammenzubringen, um über Konkurrenz hinaus zu Kooperation und gegenseitigem Verständnis zu gelangen. Eine alternative Struktur für olympischen Wettkampf (oder Nicht-Wettkampf) könnte Volleyballteams oder Schwimmstaffelteams mit Mitgliedern aus mehreren Ländern enthalten. Wenn Nationalmannschaften eine Tour durch andere Länder machen, warum soll man nicht Teams mit Mitgliedern beider Seiten bilden?

Kooperative Spiele aus anderen Kulturen

Je mehr ich andere Kulturen und deren Spiele studiere, desto stärker kommt mir zum Bewußtsein, wie restriktiv unsere heutige Sicht von Spiel ist. Zweifellos ist unsere Sicht nicht die der ganzen Welt. Ich schildere die folgenden Beispiele für kooperatives Spiel aus anderen Kulturen in der Hoffnung, unseren Horizont in bezug auf Spielformen zu erweitern. Lassen Sie Ihre Gedanken wandern. Denken Sie über die Konzepte hinter den Spielen nach. Stre–e–e–cken Sie Ihren Geist aus. Vielleicht können Sie Ihre eigene Version einiger dieser Spiele erfinden in Ihrer eigenen Turnhalle oder auf Ihren Spielflächen draußen; vielleicht würden Sie zum Beispiel gern die Methode der nordamerikanischen Indianer benutzen, Teams zu wählen. Aber das wichtigste ist, darüber nachzudenken, wie Sie ausgehend von diesen Spielen Ihre eigenen Spielstunden entwerfen können, denn aus diesem Grund will ich sie Ihnen erzählen.

Spiele von Eingeborenen

- *Unendliches Murmelspiel.* Dieses Murmelspiel, das von australischen Eingeborenenkindern gespielt wird, ist interessant wegen seiner Tendenz, keine Verlierer zu haben. Zwei Spieler sitzen sich mit gekreuzten Beinen etwa drei Meter voneinander entfernt gegenüber. Jeder Spieler hat einen kleinen Haufen Murmeln auf dem Boden direkt vor sich. Die Spieler versuchen abwechselnd, die Murmeln des anderen Spielers anzustoßen, indem sie eine ihrer eigenen Murmeln rollen lassen. Ein scharfsinniger Beobachter beschrieb das Spiel folgendermaßen: „Wenn ein ‚Schuß‘ erfolgreich war, wurden die angestoßenen

Murmeln dem erfolgreichen Spieler übergeben, der sie zu seinen anderen legte. (Bei ausbleibendem Erfolg blieb die Murmel liegen, wo sie war.) Folglich konnte dieses Spiel *ad infinitum* weitergehen. Wenn ein Haufen kleiner wurde und folglich schwieriger zu treffen war, wurde der andere Haufen größer und folglich leichter zu treffen."

Eine weitere Version eines Murmelspiels ohne Verlierer wurde in den Sommermonaten fast täglich von Eskimokindern gespielt, die an der Beringküste von Alaska lebten. Jedes Kind brachte eine Murmel mit ins Spiel, spielte damit und ging mit derselben Murmel nach Hause. Es war in dem Spiel nicht vorgesehen, die Murmel eines anderen zu gewinnen. Es war einfach nicht nötig, mit der Murmel eines anderen Kindes davonzugehen, um Herausforderungen oder Spaß zu erleben. Kleine Gruppen von Kindern kamen lediglich zusammen um des Vergnügens an der Herausforderung willen, die verstreuten Murmeln zu treffen. In der Tat beeinträchtigte die „Sieger"-Version des Murmelspiels, die bei uns üblich ist, den Spaß, und die Kinder zogen es vor, nicht nach dieser Version zu spielen.

● *Pflock.* Dieses kooperative Spiel wird von indianischen Kindern in Guatemala gespielt. Ein hölzerner Pflock wird in mäßiger Entfernung von einer Wurflinie aufgestellt. (Ein Gruppe kann über die Entfernung entscheiden.) Ziel ist, daß die Gruppe zusammenarbeitet, um den ersten Ball, der gerollt wird (Leitball), den Pflock berühren zu lassen, ohne ihn umzuwerfen. Der erste Spieler rollt seinen Ball, und die nachfolgenden Teammitglieder versuchen, ihren Ball so zu rollen, daß sie den Leitball näher an der Pflock stupsen. Das Spiel ist gewonnen, wenn der Leitball den Pflock berührt. Wenn der Pflock umgeworfen wird, beginnt der Spieler, der ihn umgeworfen hat, das neue Spiel, indem er den ersten Ball rollt.

● *Mannschaften wählen.* In vielen von technologisch „primitiven" Völkern gespielten Spielen schienen sich gegenüberstehende Mannschaften spontan zu entwickeln und leicht zu ändern. Als strukturiertere Spiele eingeführt wurden, erfanden nordamerikanische Indianer zwei interessante Verfahren, Mannschaften zu wählen, die gewährleisteten, daß kein Spieler ausgeschlossen oder dadurch gedemütigt wurde, daß man ihn zuletzt wählte. Bei einer Methode saß der Häuptling innerhalb eines Kreises in der Mitte eines Feldes. Alle Schläger der Spieler (z.B.

für Lacrosse) wurden auf einen Haufen vor ihn gelegt. Nachdem man ihm die Augen verbunden hatte, hob er jeweils zwei Schläger gleichzeitig auf und legte einen rechts und einen links vor sich hin, bis alle Schläger von dem Haufen verschwunden waren. Dann rannten die Spieler zu den beiden Haufen mit Schlägern, suchten ihren eigenen Schläger und schlossen sich diesem Team an. Eine weitere Methode, Teams zusammenzustellen, war, daß der Häuptling Papierstreifen in zwei verschiedenen Farben in einen Beutel oder einen bedeckten Korb legte. Jeder Spieler zog einen Papierstreifen und wurde einem Team durch die gewählte Farbe zugeteilt.

Kooperative Spiele aus Neuguinea

Die folgenden Spiele, die keinen Wettkampfcharakter haben, sind bei den friedlichen und kooperativen Völkern der Motu und der Tangu in Neuguinea beobachtet worden.

- *Manumanu (Kleiner Vogel).* Ein Kind steht auf einer langen Holzplanke, die von seinen Kameraden hochgehoben und hin und hergetragen wird. Das Kind hält einen Stock als Balancierstab in der Hand und singt und tanzt auf der sich bewegenden Planke. Die Kinder sind abwechselnd entweder der kleine Vogel oder helfen, den Manumanu fliegen zu lassen.

- *Evanena (Die Stange hinuntergucken).* Zwei Reihen von Kindern stehen einander gegenüber und bilden eine Plattform mit verschränkten Armen. Ein Junge stellt sich auf die Arme von mindestens Zweien in der Reihe und läuft quer über die verschränkten Arme der anderen. Während er sich die Plattform entlangbewegt, rennen die Jungen, die er passiert, nach vorn in die Reihe und fahren fort, die Plattform zu erweitern, während der Junge oben immer weiterläuft. Das Spiel geht so weiter, bis der Junge schließlich herunterfällt.

- *Kabele (Triff sie).* Ein Junge wirft eine Kokosnuß und ein anderer versucht, sie im Flug aufzuspießen. Die Kinder wechseln sich ab mit werfen und aufspießen.

Viele der Gruppenspiele des Motuvolkes, die als „nichtwettkämpferisch“ beschrieben werden, sind so strukturiert, daß, wenn eine Gruppe einen Pluspunkt erzielt, sie einfach mit der anderen Gruppe die Plätze wechselt und der anderen Gruppe eine Chance gibt, einen Pluspunkt zu erzielen. In Parpoparo (Kleiner Fisch) zum Beispiel werden im Wasser zwei Kreise gebildet, ein innerer und ein äußerer. Die Mitglieder des inneren Kreises versuchen, unter Wasser durch den äußeren Kreis hindurchzuschwimmen. Die Mitglieder des äußeren Kreises blockieren mit dem Körper den Durchgang und singen dabei und schlagen auf das Wasser. Wenn irgendein Mitglied des inneren Kreises durch den äußeren Kreis hindurchschwimmt, wechseln die Kreise die Rollen und das Spiel geht weiter.

● *Taketak.* Taketak ist ein beliebtes Spiel bei dem Tanguvolk in Neuguinea, in dem das Ziel ist, unentschieden zu spielen, nicht, zu gewinnen (in unserem Sinne von gewinnen). Das Spiel repräsentiert das vorherrschende Thema der Tangukultur, das der moralischen Gleichheit. Der Name Takestak stammt von den harten Hauptadern der Kokospalmblätter. Für das Spiel werden diese Hauptadern (oder *Taketaks*) von ihren Blättern abgelöst und in zwei getrennten Haufen in die Erde gesteckt. Jeder Haufen enthält ungefähr dreißig Taketaks und ist von dem anderen Haufen ungefähr fünf Meter entfernt. Die Taketaks selbst werden mit 15 cm Abstand in die Erde gespießt in einer Weise, die sicherstellt, daß sie keine parallele oder diagonale Linie bilden. Sonst würden die Kreisel unter Umständen durch leere Korridore geworfen. Hohle, selbstgemachte Kreisel, die gegen die Taketaks geworfen werden, werden hergestellt, indem man eine Spindel mitten durch eine getrocknete Urwaldfrucht steckt.

Es werden zwei Teams gebildet, jedes Team hat die gleiche Zahl von Kreiseln und ungefähr die gleiche Zahl von Spielern. Zu Beginn dreht einer der Spieler seinen Kreisel in der Handfläche und wirft ihn mit einer raschen Bewegung in einen Taketakhaufen, wobei er versucht, so viele wie möglich zu treffen. Alle Taketaks, die berührt worden sind, während der Kreisel entweder im Flug war oder sich auf dem Boden drehte, werden herausgezogen und beiseite gelegt. Wenn alle Spieler beider Teams ihren Kreisel in den jeweiligen Haufen geworfen haben, ist die erste Runde vorbei. Wenn der Punktwert zu diesem Zeitpunkt nicht gleich ist, ersetzt eins der beiden Teams ein paar der Taketaks in

Taketak

seinem Haufen, und beide Teams gehen in die zweite Runde in der gleichen Weise wie bei der ersten.

Nehmen wir einmal an, das erste Team hat in der ersten Runde drei Taketaks getroffen (und deshalb drei Taketaks herausgezogen) und das zweite Team hat zwei getroffen und herausgezogen. Das erste Team ersetzt zwei Taketaks in seinem Haufen. Nun hat Team 1 einen Taketak herausgezogen, Team 2 hat zwei herausgezogen. Wenn das erste Team in der zweiten Runde einen Taketak trifft, wird er herausgezogen. Nun haben beide Teams zwei Taketaks weniger in ihrem Haufen. Beide Teams sind nun gleich in bezug auf die herausgezogenen Taketaks, aber das zweite Team hat noch eine Runde zu werfen. Sein Ziel ist nun, seine Kreisel in seinen Haufen zu werfen, ohne einen einzigen Taketak anzustoßen. Wenn die Teammitglieder die Kreisel ziemlich in die Mitte werfen und wenn es ihnen gelingt, keinen anzustoßen, ist das Spiel gewonnen, und beide Teams werden als gleich erklärt. Wenn andererseits das andere Team einen Taketak treffen sollte, hat es nun drei herausgezogen, und beide Teams sind noch nicht gleich. Da die zweite Runde vorbei und die Punktzahl noch nicht unentschieden ist, ersetzt Team 2 zwei Taketaks. Das Spiel geht in dieser Weise weiter, bis ein Gleichstand erreicht ist oder die Spieler müde werden, sich einigen, daß sie gleich sind, und das Spiel einstellen. Unentschieden zu spielen erfordert die subtile Fertigkeit (und das Glück), in der Lage zu sein, Taketaks zu treffen, wenn es notwendig ist, und sie, wenn angebracht, zu verfehlen.

Ein Spiel, das auf einen unentschiedenen Ausgang hin angelegt ist, ist schon an sich fesselnd und eröffnet viele neue Möglichkeiten. Ständiges Ersetzen (in diesem Fall von Taketaks) ist ebenfalls ein wichtiges Konzept, das es ermöglicht, daß das Spiel fortgesetzt wird, bis ein Gleichstand erreicht ist oder bis allgemeine Übereinstimmung darüber herrscht, daß es Zeit ist, aufzuhören. Das Ersetzen kann verschiedene Formen annehmen. Die einfachste Art und Weise ist vielleicht, daß die Teams nach jeder Spielrunde abwechselnd zwei Taketaks ersetzen. Eine weitere Möglichkeit, die dazu dient, die Teams und die Wertungen relativ gleich zu halten, ist, daß dasjenige Team, das die meisten Taketaks herausgezogen hat, nach jeder Spielrunde zwei Taketaks ersetzt. Noch eine andere Möglichkeit ist, daß das Team, das die meisten Taketaks herausgezogen hat, nach jeder Runde die Gesamtzahl der Taketaks ersetzt, die das andere Team herausgezogen hat. Zum Beispiel hat Team 1 sieben herausgezogen und Team 2 drei; Team 1 ersetzt deshalb vier Taketaks in seinem Haufen, und eine neue Runde beginnt. Es gibt viele verschiedene Möglichkeiten hinsichtlich Ersatz und Gleichheit, die sich erforschen lassen.

Dieses Konzept des Unentschiedenspielens beschränkt sich nicht auf das Tanguvolk. Die Asmat von Neuguinea veranstalteten Einbaumrennen quer über einen Fluß, aber kamen immer im gleichen Augenblick an. Als bei ihren Kindern zum erstenmal Fußball eingeführt wurde, spielten sie es unentschieden. Als junge Eskimos Skigeländerennen begannen, strengten sie sich sehr an, aber versuchten, die Ziellinie im gleichen Augenblick zu kreuzen, und australische Eingeborenenkinder liefen oft unentschiedene Rennen. Ich habe das einmal versucht, als ich mit einem Freund draußen Dauerlauf machte. Es machte ziemlich viel Spaß, denn man wußte nie genau, welche Strategie der andere anwenden würde. Man selbst läuft, so schnell man kann, und die anderen laufen, so schnell sie können, man selbst läuft langsamer, die anderen laufen langsamer. Die letzten 40 oder 50 Meter, wenn man gewöhnlich in einem gesunden Tempo dahintrottet, ist alles Erwartung. Wie schaffen wir es, die Linie im gleichen Augenblick zu überschreiten? Und dann ..... Gewonnen!

Spiele der Inuit (Eskimos) aus der kanadischen Arktis

● *Nuglutang.* Dies war ein sehr beliebtes Spiel, an dem alle beteiligt waren. Es wurde besonders während der langen Monate der Dunkelheit gespielt. In diesem Spiel wird ein spindelförmiges Stück einer Karibugeweihsprosse, durch das ein Loch gebohrt ist, über die Köpfe der Spieler gehängt, so daß es ungefähr in Schulterhöhe baumelt. Die Spieler stehen um das Ziel herum mit einem scharfen Stab in der Hand, so ähnlich einem gespitzten Bleistift, aber aus Knochen. Jeder Spieler versucht dann, die Spitze seines Stabes durch das Loch in dem Ziel zu bohren, alle zur gleichen Zeit. Dies bringt das Ziel in alle Richtungen ins Schwingen.

Nuglutang

Der erste Spieler, der seinen Stab durch das Ziel bohrt, ist der „Sieger" und setzt als Preis aus, was er will und was Wert hat, etwa eine Harpunenspitze oder ein Messer, und zieht sich aus dem Spiel zurück. Der zweite Sieger nimmt den ersten Preis in Besitz, aber ersetzt ihn seinerseits durch einen anderen. Das Spiel geht in dieser Weise weiter, bis es dem einsamen letzten Spieler gelingt, das Ziel zu durchbohren. Da das Spiel dann zu Ende ist, braucht er den Preis nicht zu ersetzen. Somit war der einzige der (nach unseren Begriffen) etwas „verloren" hat, der erste Sieger, und der einzige, der etwas gewonnen hat, der letzte „Sieger" (Verlierer). Dieses Spiel wurde unter schallendem Gelächter gespielt, und viele überflüssige Gegenstände wurden ausgetauscht.

- *Deckenschleuder.* Ursprünglich wurde eine große, dauerhafte Decke hergestellt, indem man mehrere Walroßfelle zusammennähte. Die Decke war etwa drei bis vier Meter breit. Ein Spieler saß oder stand in der Mitte der Decke, und eine Gruppe von zwanzig oder dreißig Spielern verteilte sich rund um die Decke und katapultierte den mittleren Spieler in die Luft. Die heute benutzten Decken sind große, kreisförmige Segeltuchkonstruktionen, an deren Rand ein schweres Seil eingeflochten ist, damit man einen sicheren Griff hat. Dies bildet so etwas wie ein sehr großes, kreisförmiges Trampolin, das betrieben wird durch die Kraft der Leute, die am Rand zusammenarbeiten.

- *Muk (Stille).* Bei diesem Spiel geht es um Lachen. Die Spieler setzen sich zunächst in einen Kreis. Ein Spieler geht in die Mitte des Kreises. Dann wählt er einen anderen Spieler, der „Muk" sagen und dann still sein und ein unbewegliches Gesicht behalten muß. Der Spieler in der Mitte schneidet komische Gesichter und macht komische Gesten und versucht dadurch, „den Muk zu brechen". Der Spieler, der den Muk bricht, bekommt einen komischen Namen angehängt und ersetzt den Spieler in der Mitte.

- *Kaipsak (Kreiseldrehen).* Dieses war ein sehr beliebtes Spiel unter den Inuitkindern. Der Reihe nach drehte jedes Kind seinen Kreisel, rannte aus dem Iglu, lief darum herum und versuchte, zurückzukommen, ehe der Kreisel aufhörte, sich zu drehen. Im Winter wurden die Kinder selbst zu Kreiseln, d.h., sie saßen auf einem Eisblock und wurden von anderen Kindern herumgewirbelt, bis ihnen zu schwindelig

Adlertragen

wurde, um sitzenzubleiben. Dann kam der nächste „Passagier" an die Reihe. Gelegentlich hakten die Kinder einen ihrer Hunde an einem Eisblock fest und ließen ihn herumwirbeln. Das war ein Spaß.

● *Adlertragen.* In einem früher Adlertragen und heute Flugzeugtragen genannten Spiel liegt ein Spieler mit dem Gesicht nach unten und gerade ausgestreckten Armen. Drei Träger heben ihn hoch, zwei an den Handgelenken und einer an den Knöcheln, und tragen ihn so weit wie möglich, ehe er zusammenbricht. Der Adler wird langsam getragen, gewöhnlich etwa 30–60 cm vom Boden entfernt, und sachte heruntergelassen, wenn er beginnt, zusammenzubrechen. Bei diesem Spiel lächeln alle Vögel vor dem Start, und die meisten von ihnen lächeln nach der Landung. Bruchlandungen können das Lächeln der Vögel manchmal verzögern, aber scheinen das Lachen der restlichen Vogelschar nicht zu hemmen.

• *Hundeschlitten.* Samuel King Hutton, einer der ersten Entdecker, schreibt über die Inuitkinder:

„Nichts kann das Schlittenspiel ohne Schlitten übertreffen, wo sechs oder sieben der Jungen sich das Geschirr selbst über die Schulter ziehen und mit dem Schlitten davonrasen, hierhin und dorthin schwenkend auf das Kommando ihres Schlittenführers. Sie begeben sich mit vollem Herzen in den Spaß, kreuzen innerhalb des Teams von einer Bahn zur anderen, wie Hunde es tun, schnappend und jaulend und weiterzerrend jedesmal, wenn der Schlittenführer Einhalt gebietet."

Eine ähnliche Art von Spielen läßt sich mit Tobboggans (Indianerschlitten) spielen, auf modernen Schlitten oder auf einer Luftmatratze in flachem Wasser. Bei einer Variation, die man in der Turnhalle spielen kann, werden ein niedriger Transportkarren oder ein vierrädriges scate board und ein dickes Seil benutzt. Ein Kind (der Fahrer) sitzt, kniet oder steht auf dem Schlitten (Transportkarren) und drei oder vier andere ergreifen ein Seil und werden damit zu Schlittenhunden. Um das Spiel zu verlangsamen zum Gehen oder sicheren Traben, kann man die Sicht der Hunde beeinträchtigen, indem man ihnen eine braune Papiertüte über den Kopf stülpt. Sie können nach unten sehen (und vielleicht zur Seite), aber nicht geradeaus. Der Fahrer dirigiert die Hunde durch die Bahn (um eine Reihe von Markierungen). Bei jüngeren Kindern läßt sich dasselbe Konzept in vorweihnachtliche Aktivitäten mit Nikolaus und seinem Renntier einbauen.

Chinesische Kindergartenspiele

Diese Spiele wurden in der Volksrepublik China beobachtet während eines Besuches in einem Kindergarten.

• *Helfen bei der Ernte.* Es werden Teams mit sechs Mitgliedern gebildet; jedes Team braucht eine Hacke, ein paar Pappblumen, eine Gießkanne, einen Düngereimer, eine Sprühkanne, einen Korb und ein Dreirad. Das Spielmaterial wird an dem äußeren Ende des Hofes plaziert, und die Teams stellen sich am anderen Ende auf. Der erste in jedem Team rennt zu dem Spielmaterial seines Teams, nimmt die Hacke und hackt den Boden (etwa fünf Schläge), dann rennt er zurück. Der zweite pflanzt die Papp- (oder Plastik-) Blumen und rennt zurück. Der dritte ist dafür verantwortlich, die Blumen zu gießen. Der vierte sprüht Kunstdünger. Der fünfte spritzt die Blumen, um sie zu schützen. Der sechste erntet die Blumen, legt sie in den Korb, springt auf das Dreirad und fährt zurück, um die Blumen zum Markt zu bringen.

● *Riesenrübe.* Dies ist ein weiteres Erntespiel, in dem ein Kind vorgibt, eine Riesenrübe zu sein, die im Boden wächst. Ein einzelnes Kind kann sie nicht aus dem Boden ziehen („ernten“), weil die Rübe zu groß ist. Es wird eine vorher festgelegte Zahl von Rübenziehern benötigt, ehe die Rübe aus dem Boden gezogen werden kann. Ziel ist, daß die Kinder lernen, daß man durch Zusammenarbeit Dinge erreichen kann, die sich allein nicht erreichen lassen.

● *So-Fa-Spiel.* Die eine Hälfte der Kinder bildet einen Kreis und beginnt zu singen und in die Hände zu klatschen. Die andere Hälfte hüpft im Inneren des Kreises umher und klatscht in die Hände. Bei einem bestimmten Wort im Lied halten die Kinder im Inneren des Kreises vor jemandem im äußeren Kreis an und führen ein rasches „Backe, backe Kuchen“-Ritual aus. Dann schlagen sie die Hände zusammen, drehen sich schnell im Kreis, schütteln dem vor ihnen stehenden Spieler die Hand und tauschen die Plätze.

Erfinden eigener Spiele / Auswertung des Erfolges

Es ist das Erfinden und Teilen positiver Alternativen, das uns dazu bringt, schließlich unsere vergnüglichsten und bedeutendsten Spiele zu entwickeln. Aber einfach neue Spiele zu erfinden, reicht nicht, denn diese können immer noch höchst wettkämpferische oder destruktive Orientierungen reflektieren. Von größter Bedeutung sind der Rahmen und die Struktur des Spiels. Was für eine Reaktion erfordert das Spiel – eine wettkämpferische oder eine kooperative, eine schädliche oder eine hilfreiche? Wird irgendjemand ausgeschlossen? Wird jeder voll an der Handlung beteiligt? Gibt es ein Gefühl des Verlierens? Wird jeder nach dem Spiel glücklicher sein als vorher? Ist das Spiel so angelegt oder strukturiert, daß irgendjemand seelisch oder körperlich verletzt wird?

Menschen (insbesondere Erwachsene) tendieren oft dazu, Spiele mit den Strukturen zu erfinden, die ihnen am meisten vertraut sind. Für die Kinder, die schließlich die Empfänger der Erwachsenenspiele sind, bedeutet dies leider oft, daß Konkurrenz gegen andere die Grundlage bildet. Die meisten Erwachsenen (insbesondere Männer) wie auch einige stark auf Wettkampf konditionierte Kinder müssen deshalb vielleicht zunächst einige kooperative Spielalternativen erleben, ehe der kreative Prozeß in einer konstruktiven Richtung gedeihen kann.

Es ist interessant festzustellen, daß in den vergangenen paar Jahren, in denen zahlreiche Gruppen von Kindern die Gelegenheit erhalten haben, ihre eigenen „lustigen“ Spiele zu erfinden, keine von ihnen jemals Spiele erfunden hat, die Zusammenstöße einschließen (wie amerikanischer Fußball), Spiele, in denen eine große Zahl von Kindern untätig bleibt (wie Baseball) oder Spiele, in denen Kinder ausscheiden. Dies sind Erwachsenenkonzepte und nicht das, was Kinder ohne Konditionierung durch Erwachsene von sich aus erfinden oder wählen würden.

Wir haben festgestellt, daß, je jünger das Kind ist oder je weniger ein Mensch auf ein Verhalten konditioniert worden ist, in der Konkurrenz eine große Rolle spielt, desto menschlicher ein Spiel wahrscheinlich ist. Selbst Vier- und Fünfjährige können einige bewundernswert kooperative Aktivitäten erfinden und gleichzeitig ihre wundervolle Phantasie demonstrieren. Während einer „Kartoffelparty" im Frühling erfand eine Gruppe von Kindergartenkindern das Kartoffelbreispiel. Eine war die „Kartoffel", und die anderen waren „Milch" und wurden einer nach dem anderen ausgegossen, um an der Kartoffel festzukleben. Dies wurde ausgeführt nur mit der Phantasie des Kindes und einigen Gesten, die Ausgießen darstellen sollten. Als sie in der Gruppe alle zusammengeklebt waren, sprangen sie spontan umher und zerstampften einen jeden, um einen ganzen Topf mit Kartoffelbrei zu machen. Die Kinder erfanden das Spiel ganz allein. Ein fünfjähriges Mädchen war in Führung, doch steuerten mehrere andere Ideen bei. Bei einer anderen Gelegenheit erfand eine Gruppe von Vierjährigen ein Reifenziehspiel, in dem sie einander abwechselnd auf dem Bauch mit einem Hula-Hoop-Reifen herumzogen. All unsere Erfahrungen haben gezeigt, daß Kinder nie zu jung sind für konstruktive Ideen. Wir müssen ihnen nur die Gelegenheit geben.

Bei einem Versuch im Erfinden neuer Spiele sprach ich mit einer Gruppe von Schülern der vierten und fünften Klasse und bat sie zu versuchen, sich ein paar neue Spiele auszudenken oder alte so abzuwandeln, daß sie mehr Spaß machen. Ich fing an, indem ich ihnen erzählte, was ich mit meinen Spielen im Sinn hatte: jeden teilnehmen zu lassen und einander zu helfen, einen jeden Spaß haben zu lassen und niemandem das Gefühl zu geben, ein Verlierer zu sein. Ich gab ihnen ein paar Beispiele für kooperative Spiele (Baumstammrollen, Volleyball mit kollektiver Wertung, Stein), die sie bereits in der Turnhalle gespielt hatten, und sagte ihnen, daß sie jedes Spielmaterial benutzen konnten, das sie wollten. Ich bat sie, sich in Gruppen von drei oder vier aufzustellen, und es ging los.

Den kreativen Prozeß zu beobachten war wunderbar. Jede Menge krativer Ideen floß hin und her, während sich die Kinder darauf vorbereiteten, in etwa dreißig Minuten hinunter in die Turnhalle zugehen, um einige ihrer Spiele auszuprobieren. Die Kinder arbeiteten zusammen, interagierten verbal und teilten und verbesserten ihre Ideen. Als wir in die Turnhalle gingen, hatte jede Gruppe die Gelegenheit, ihr

Wir erklären die Regeln

Spiel innerhalb der eigenen kleinen Gruppe auszuprobieren, um die notwendigen Verbesserungen vorzunehmen, ehe sie es der ganzen Klasse beibrachte. Während der nächsten drei Sportstunden brachten die Kinder ihre Spiele ihren Klassenkameraden bei. Nach jedem Spiel hielten wir eine kurze Diskussionsrunde ab, um Kommentare über das Spiel und Verbesserungsvorschläge zu erhalten. Später hatten die Schüler die Gelegenheit, ihr verbessertes Spiel einer anderen Klasse vorzustellen und an ihr zu beurteilen. Gewöhnlich wurden zwei Spiele gleichzeitig in verschiedenen Hälften der Turnhalle vorgestellt, um die Gruppen klein zu halten.

Kooperative soziale Interaktion zeigte sich beim Erfinden der Spiele, beim Lehren der Spiele durch die Kinder, beim Spielen der Spiele, bei der Auswertung der Spiele und bei den Verbesserungsvorschlägen. Meiner Meinung nach kamen die Kinder in sehr kurzer Zeit auf ein paar sehr gute Spiele. Aus diesem Prozeß des Spieleerfindens wurde ersichtlich, daß die Kinder die Bedeutung von Beteiligung und Kooperation verstanden.

Marie Riley und Kate Barrett von der Universität von North Carolina in Greensboro gehören zu den wenigen, die sich ausführlich damit befaßt haben, das auszuführen, was Kinder an selbst erfundenen Spielen zu bieten haben. Ihre von Kindern entwickelten Spiele entstanden hauptsächlich in Klassen von Neun-, Zehn- und Elfjährigen, die zuvor einem Spielklima ausgesetzt gewesen waren, das ihnen erlaubt hatte, in ihrem eigenen Tempo zu arbeiten und sich frei zu fühlen, Fehler zu machen. Die gesamte Spielumgebung bot die Gelegenheit für das Treffen von Entscheidungen und die Wahl zwischen Alternativen.

Als ich einige dieser Kinder dabei beobachtete, wie sie ihre eigenen Spiele spielten, stellte ich fest, daß es keine Konkurrenz gegen andere gab, kein Herabsetzen anderer, kein Ausscheiden von Spielern und selten irgendwelche festgelegten Spielfeldgrenzen. Bei den Ballspielen gab es jede Menge Aktivität und sehr viel Kontakt mit dem Ball von Seiten aller Kinder. Bei einem Spiel (zu dem der Idee nach das Schlagen eines Balles gehörte), schlugen zwei Kinder den Ball mit verschiedenen Körperteilen über ein Netz hin und her. Das Netz war an der Lehne zweier Stühle befestigt. Eins der Kinder war äußerst geschickt und hätte den Ball mit Leichtigkeit über seinen Partner hinwegschießen können, aber es sagte: „Dann wäre das doch kein Spiel!“ Außerdem, fügte es hinzu, spielten sie beide „gegen das Netz“.

Wie steht es mit von jüngeren und älteren Oberschülern erfundenen Spielen? Ich hatte die Gelegenheit, mit ungefähr 100 Schülern dieser Altersgruppe zu sprechen, die damit beschäftigt waren, Freizeitprogramme für ihre eigene Schule aufzustellen. Diese Konferenz war organisiert worden und wurde geleitet von Schülern für Mitschüler aus der Provinz, die daran interessiert waren, ihr Freizeitprogramm zu verbessern. Wir vergnügten uns gemeinsam einen Nachmittag lang mit Deckenball mit kollektiver Wertung, Monsterball mit kollektiver Wertung, Kollektiver Erdumkreisung, Schlagen und Flitzen. Völkerball mit Seitenwechseln und Scate board Ball mit „alle berühren“.

Anschließend bat ich die Schüler, sich in kleine Gruppen aufzuteilen, um ihre Empfindungen zu diskutieren und einige eigene Alternativen zu erfinden. Es kamen viele interessante Kommentare und gute

Vorschläge für neue oder abgewandelte Spiele zum Vorschein. Eine der Gruppen schrieb: „Je außergewöhnlicher oder lächerlicher ein Spiel ist, desto weniger wettkämpferisch ist es wahrscheinlich." Zum Beispiel Hockey, gespielt mit einem Strandball, Basketball, gespielt mit einem Monsterball, mit einem Kürbis, einer Wassermelone oder einem Ballon. Eine andere Gruppe merkte an: „Lehrer und Schüler würden in kollektiven Sportarten mehr Sportgeist entwickeln, und mehr Leute wären geneigt, es zu versuchen. Es würde sich zwischen Leuten ein besseres Verhältnis entwickeln."

Edward Devereux von der Cornell Universität ist seit langem ein Befürworter von durch Kinder gesteuertem Spiel, selbst wenn (oder besonders wenn) die gespielten Spiele weder von Kindern noch für Kinder geschaffen waren. Seine Beobachtungen von von Kindern aufgeschnappten Spielen führten ihn zu den folgenden Schlußfolgerungen:

„Wenn man einen Haufen Kinder ein selbst organisiertes Spiel von Sandlot-Baseball spielen sieht, ist klar, daß der Akzent mehr darauf liegt, Spaß zu haben, als darauf, zu gewinnen. Wenn die Teams nicht im Gleichgewicht sind, ist es für sie kein Problem, einen der stärkeren Spieler zum anderen Team überwechseln zu lassen, mitten im Spiel. Den kleineren Kindern werfen sie den Ball etwas vorsichtiger zu, so daß sie auch ihren Spaß haben können; außerdem braucht man sie wirklich in dem Spiel, da die Spielerzahl wichtig ist. Fehler werden eher mit Lachen und Necken aufgenommen als mit Zorn und höhnischem Kommentar. Wie ein Kind anmerkte: ‚In unserem Spiel ist es einfach lustig, wenn jeder über jeden stolpert, aber in der Kinderliga werden die Trainer richtig wütend, weil es ein wichtiges Spiel ist.' Wenn der Tag heiß wird, oder wenn das Spiel anfängt, uninteressant zu werden, ist es kein Problem, es abzublasen und zu irgendeiner andern Aktivität überzugehen."

All diese Erfahrungen mit jungen Leuten haben mich davon überzeugt, daß wir uns bei der Suche nach Alternativen stärker auf die kreative Kraft von Kindern und Jugendlichen verlassen müssen. Mit ein paar einfachen Leitlinien können sie oft in einer Art und Weise denken, die durch die Scheuklappen des Alltagslebens von Erwachsenen wegkonditioniert oder verdunkelt worden ist. Sie haben die Fähigkeit, zu ihrem eigenen Lernen, ihrer eigenen Entwicklung und zur Verbesserung unserer Gesellschaft viel mehr beizutragen als uns klar ist. Warum sollten wir ihnen dazu nicht die Gelegenheit geben?

Wir feilen es aus

Beispiele für von Kindern und Jugendlichen erfundenen Spiele

Ich habe vierzehn Spiele ausgewählt, die ich mit Ihnen teilen möchte. Acht davon wurden von einer Gruppe von Neun- und Zehnjährigen während einer halbstündigen Sitzung erfunden und sechs davon von einer Gruppe von Teenagern in einer weiteren halbstündigen Sitzung.

Die Spiele der Kinder

● *Aktion.* Jedes Kind wählt einen Partner, und sie versuchen, gemeinsam durch eine Aktionsbahn zu gehen. Die Bahn besteht aus sechs Stationen, wo die Partner: (1) einen großen Ball viermal hin und her springen lassen, (2) zehnmal miteinander Seilspringen, (3) mit einer Schöpfkelle einen kleinen Ball viermal hin und her werfen, (4) auf einem Schwebebalken von entgegengesetzten Enden aufeinander zu gehen, sich aneinander festhalten, um sich umzudrehen und zurückzugehen, (5) einen Ball viermal hin und her springen lassen und (6) nebeneinander auf einer Matte eine Rolle vorwärts machen. Nach Beendigung dieses Teils der Aktionsbahn laufen die Partner direkt zurück durch die Aktionslinie, springen über den niedrigen Balken und rennen zwischen den herumfliegenden Bällen hindurch. Dann drehen sie sich um, rennen geradewegs zurück durch die Aktionslinie und machen zum Abschluß eine weitere Rolle und springen gemeinsam in die Luft.

Am Anfang der Bahn waren zwei Linien nebeneinander, ganz ähnlich wie bei einem normalen Staffellauf. Jedoch arbeiteten die Kinder, die als erstes in der Reihe standen, zusammen bei der Bewältigung der Bahn, als Partner. Wenn das erste Paar zur dritten Station kam (Ball mit Schöpfkelle hin und her werfen), startete das nächste Paar. Es ist interessant zu beobachten, daß die Kinder auf dem Rückweg direkt durch die Aktionsbahn liefen, statt außenherum in ihre Reihe zurückzukehren. Die normale Erwachsenenstruktur wäre gewesen, die Kinder außen zurückkehren zu lassen, abseits von den anderen Kindern, die die Bahn herunterkamen.

● *Beutesuchen.* Jeder Spieler erhält eine Karte mit dem Namen eines anderen Tieres, der geheimgehalten wird. Dann wird eine Liste mit Tieren laut vorgelesen, die angibt, welche Beute jedes Tier suchen muß. Die Liste bildet einen Kreis: zum Beispiel sucht der Elefant nach dem Löwen, der Löwe nach dem Wolf, der Wolf nach dem Hund, der Hund nach der Katze, die Katze nach der Maus und die Maus nach dem Elefanten. Ohne einen Ton von sich zu geben, stellt jeder Spieler dann das Tier dar, das auf seiner Karte steht, und versucht, das Tier zu finden, das sich wie seine Beute verhält. Wenn ein Spieler denkt, daß er seine Beute gefunden hat, klopft er ihr auf den Kopf, und die Beute muß ihre Karte zeigen. Wenn sie die richtige Beute ist, hält der Jäger sich an ihr fest, während sie versucht, nun ihre Beute zu finden. Am Ende müßte es einen einzigen Kreis geben, in dem sich alle Tiere bei der Hand halten.

Um eine zusätzliche Herausforderung hinzuzufügen, schufen die Erfinder des Spiels Köderkarten. Auf je zwei oder drei Tiere kam eine Köderkarte. Die Köder können „darstellen, was sie wollen, um die Leute an der Nase herumzuführen“. Die Köder versuchen, einander zu finden und bleiben zusammen.

Die vier Mädchen, die sich dieses Spiel ausgedacht hatten, konnten sich rasch anpassen, um verschiedene Spielerzahlen unterzubringen, indem sie ein paar zusätzliche Tierkarten austeilten, solange das letzte Tier versuchte, das erste zu finden, so daß die Tiere am Ende einen Kreis bildeten. Dieses Spiel wurde stumm gespielt, ohne verbale Hinweise; jüngere Gruppen konnten zusätzlich zur pantomimischen Darstellung des Tieres Tierlaute von sich geben.

● *Wettlauf mit der Uhr.* Zwei Teams werden gebildet auf den gegenüberliegenden Seiten eines Volleyballnetzes. Ein Spieler aus dem einen Team wirft einen Volleyball über das Netz. Der Ball wird gefangen von einem Spieler des anderen Teams und zurückgeworfen. Wenn jemand den Ball zum zweiten Mal fängt, muß er ihn an jemand auf seiner Seite weitergeben, der ihn noch nicht über das Netz geworfen hat. Wenn jeder aus beiden Mannschaften den Ball über das Netz geworfen hat, sehen sie nach, wie lange es gedauert hat und versuchen dann, den eigenen Rekord das nächste Mal zu brechen. Eine Variation dieses Spiels besteht darin, jeden auf beiden Seiten den Ball fangen zu lassen u n d ihn an ein Mitglied der eigenen Mannschaft weitergeben zu lassen, ehe das Spiel gewonnen werden kann. Die Kinder, die dieses Spiel erfunden hatten, meinten, daß, damit es wirklich funktionierte, sie auf eine Möglichkeit kommen mußten, „das Spiel aktiver zu machen" – ein Problem, das sie noch nicht gelöst hatten, als es Zeit war aufzuhören.

● *Durch die Beine.* Die Kinder teilen sich in Fünfergruppen auf, und die Gruppen bilden 2–3 Meter voneinander entfernte Reihen. Der erste Spieler in jeder Reihe schießt einen Ball durch die Beine zum nächsten Spieler und rennt dann ans Ende der Reihe. Der zweite Spieler tut darauf dasselbe, und so weiter bis zum Ende der Reihe. Es gibt einen Punkt jedesmal, wenn der Ball dem nächsten Spieler in der Reihe zugeschossen und von ihm erfolgreich gefangen wird. Nach einer festgelegten Zeit können sie ihren kollektiven Punktwert ausrechnen und den Vorgang dann wiederholen und versuchen, den ersten Wert zu verbessern.

● *Rein und raus.* Dies ist eine abgewandelte Form von Völkerball. Die Gruppe wird geteilt, wobei die eine Hälfte einen Kreis um die andere Hälfte bildet. Die Spieler im äußeren Kreis werfen mit einem

Ball auf die in der Mitte. Es sind zwei Bälle im Spiel. Wenn der Ball einen Spieler unter der Taille trifft, tauscht er mit demjenigen, der ihn geworfen hat, den Platz. Auf diese Weise hat jeder die Gelegenheit, sowohl im inneren als auch im äußeren Kreis zu spielen, niemand ist wirklich „ausgeschieden“, und der Strandball „tut nicht weh“.

Die Schüler schlugen auch vor, den Ball einmal im äußeren Kreis herumgehen zu lassen, um die Kooperation zu verstärken. Dieser Vorschlag wurde sofort ausprobiert und gut aufgenommen. Das Spiel klappte reibungslos mit einer Gesamtgruppe von fünfzehn.

- *Kanonenentschärfer.* Dieses Spiel funktioniert am besten mit vier oder fünf Teams von je sieben Spielern. Jedes Team hat einen Ball und eine Turnmatte in einer anderen Ecke der Turnhalle. Ein Teammitglied (Kanonenentschärfer) steht oder kniet auf der Matte mit einem Strandball (Kanonenkugel) in der Hand, während die anderen Teammitglieder (Ruderer) ihre Matte (Schiff) durch die Halle bewegen. Das Ziel besteht darin, daß der Kanonenentschärfer sein Schiff in Richtung auf ein anderes Schiff steuert und seine Kanonenkugel auf eine andere Kanonenkugel schießt. Nach dem Wurf holt Ruderer 1 den Ball zurück und wird zum Kanonenentschärfer, und der Kanonenentschärfer wird zum Ruderer. Dies wird fortgesetzt, bis jeder eine Gelegenheit hatte, der Kanonenentschärfer zu sein. Bei einer Variation dieses Spiels bleibt ein Kanonenentschärfer Kanonenentschärfer, wenn er eine Kanonenkugel abschießt und trifft (entschärft). Dieses semikooperative Spiel wurde sehr gut aufgenommen: jede Menge Aktivität, jede Menge Gelächter.

- *Hutette.* Es werden zwei Teams von je sechs Leuten gebildet – die Erfinder des Spiels wählten drei Mädchen und drei Jungen für jedes Team. Jedes Team versucht, sechs Punkte zu erhalten. Es gibt einen Punkt, wenn ein Baseballhut als Puck ins gegnerische Tor gebracht wird mit einem Stock oder einer Stange. Jedes Team hat einen Torhüter, zwei Verteidiger, zwei Stürmer und einen Mittelläufer; die Tore sind die Längen zweier Turnmatten (die an der Wand hängen); jedes Mitglied eines Teams muß den Hut durch Weitergeben berühren), ehe ein Team einen Punkt bekommen kann; eine Spieler kann während eines Spiels nur einmal einen Punkt erzielen; der Hut muß über die Mittellinie weitergereicht (nicht getragen) werden.

Dieses Spiel wurde von Mädchen erfunden, die gegenwärtig in einer Wettkampfliga für Ringette in ihrer Gemeinde spielen. Ringette ist ein relativ neuer Sport für Mädchen, der Hallenhockey ähnelt, aber mit Schlittschuhen auf dem Eis gespielt wird, mit einem Ring als Puck. Das modifizierte Spiel (Hutette) wurde gut aufgenommen, als die Regeln einmal klar waren.

Spiele der Teenager

● *Kollektiver Blasball.* Ein Spieler liegt auf dem Bauch auf einer Matte, während vier bis sechs andere die Matte schleifen oder tragen. Das Ziel ist, daß der Spieler auf der Matte einen Tischtennisball von einer Startlinie zu einer Ziellinie bläst, die etwa 3 Meter entfernt liegt. Wenn der Ball über die Ziellinie geht, wechselt der Bläser über und wird zum Träger. Die Spieler können ausprobieren, wie schnell ihr gesamtes Team einen Ball zwischen zwei Linien hin und her blasen kann oder wie oft der Ball innerhalb einer bestimmten Zeitspanne hin und her geblasen werden kann.

Als Variation liegen fünf Spieler auf dem Bauch vor einer Startlinie fünf anderen gegenüber, die auf der anderen Seite der Ziellinie liegen. Mehrere Tischtennisbälle werden in die Mitte zwischen den beiden Linien gerollt. Das gemeinsame Ziel ist, die Bälle in einer festgelegten Zeit so oft wie möglich hin und her zu blasen. Die Zahl der Spieler und der Bälle und die Entfernung zwischen den Linien sind jeweils sehr flexibel.

● *Handtuchball mit kollektiver Wertung.* Dieses Spiel ähnelt dem Deckenball mit gemeinsamer Wertung mit der Ausnahme, daß die Teammitglieder einen Strandball mit Handtüchern über ein Netz befördern. Die Spieler arbeiten innerhalb ihrer Teams in Paaren. Es gibt jedesmal einen kollektiven Punkt, wenn der Ball über das Netz geht und von einem Paar auf der anderen Seite gefangen wird. Der Ball muß an ein zweites Paar weitergegeben werden, ehe er zurückgeschlagen werden kann. Dieses Spiel läßt sich auch in Dreier- oder Vierergruppen spielen mit Handtüchern verschiedener Größe und Form, die von den Spielern entsprechend ihrer Fähigkeit gewählt werden. Die Zahl der Paare pro Seite und die Zahl der im Spiel befindlichen Bälle sind ebenfalls flexibel.

- *Scate board Basketball.* In diesem Spiel, das dem traditionellen cross court Basketball[8] ähnelt, sitzt jeder Spieler auf einem kleinen hölzernen scate board (ähnlich einem Transportkarren auf Rollen, wie Spediteure ihn benutzen), der freie Bewegung in jeder Richtung erlaubt. Der Spieler bewegt sich vorwärts, indem er sich mit den Füßen vom Boden abstößt. Dribbeln ist freigestellt. Jeder Spieler im Team muß den Ball berühren, bevor ein Versuch gemacht werden kann, einen Punkt zu erzielen. Als Tore können Mülleimer oder Handballnetze benutzt werden, es können zwei Bälle im Spiel sein und man kann ein kollektives Punktwertungssystem anwenden.

- *Scate board Handtuchball.* Dieses Spiel ähnelt in seiner Struktur Scate board Basketball. Jeder Spieler sitzt auf einem kleinen hölzernen scate board, aber die Spieler arbeiten in Paaren zusammen. Jedes Paar hat ein Handtuch, das beide Partner gemeinsam benutzen, um zu fangen, weiterzugeben und zu schießen. Dieses Spiel läßt sich nach einem traditionellen Punktwertungsverfahren spielen, mit einem großen Tor, ohne Torwart und einer „alle berühren“-Regel (siehe S. 72).

- *Scate board Basketball in Paaren.* Dieses Spiel gleicht scate board Basketball mit der Ausnahme, daß ein Partner auf einem scate board sitzt und der andere nicht. Der stehende Partner schiebt den anderen auf seinem scate board auf dem Spielfeld herum, aber kann den Ball nicht berühren; der sitzende Partner schießt auf das Tor oder gibt den Ball an einen anderen Spieler ab. Später tauschen die Partner die Positionen. Man kann unterschiedliche Punktwertungssysteme zur Wahl stellen, um der Fähigkeit gerecht zu werden (z. B. in ein großes Netz zu schießen, durch einen hängenden Hula-Hoop-Reifen, in ein Basketballnetz), und es lassen sich entweder traditionelle oder kollektive Punktwertungen zählen.

- *Basketfußball.* Dies ist ein modifiziertes Basketballspiel, das mit einem Fußball gespielt wird. Es gibt gewöhnlich kein Dribbeln. Der Fußball wird ohne Hand an jedes Teammitglied weitergereicht, ehe ein Schuß versucht wird. Es gibt zwei Punkte, wenn der Ball durch den Reifen geht, und einen Punkt, wenn er lediglich das Spielbrett trifft. Zu

---

8 Cross court Basketball gleicht dem üblichen Basketball mit der Ausnahme, daß man es auf einem kurzen Spielfeld spielt, was ermöglicht, mehrere Spiele gleichzeitig in einer normalen Sporthalle laufen zu lassen. (Anm. d. Übers.)

Beginn des Spiels stehen die beiden Teams einander gegenüber, und ein Team startet das Spiel, indem ein Spieler den Ball durch die Beine einem anderen Teammitglied zuwirft. Körperkontakt ist nicht erlaubt.

- *Weiter Ideen von Teenagern.* Bei Spielen in der Art von Volleyball mit kollektiver Wertung kann man Decken oder Laken über das Netz hängen, so daß das Team, das den Ball empfängt, nicht genau weiß, wann der Ball herüberkommt.

Bei Spielen mit „alle berühren" kann man unter den Teammitgliedern ein Zeichen vereinbaren (das die Teammitglieder selbst erfinden), um anzuzeigen, daß man den Ball noch nicht bekommen hat.

Spielen Sie Tischtennis mit fünf Leuten um einen großen Tisch herum, um zu sehen, wie oft man den Ball hintereinander über das Netz bekommt.

Spielen Sie Flaggenfußball im tiefen Schnee.

Spielen Sie Volleyball in der ganzen Länge der Turnhalle mit allen, die gerade spielen wollen, gleichzeitig.

Kooperative Spieltage

An kooperativen Spieltagen kann eine Mischung von Kindern aus allen Klassen (und auch Erwachsene) gemischt zu einem einzigen Team integriert werden. Sie können sich gegenseitig die kooperativen Spiele beibringen, die sie kennen, und sie alle gemeinsam spielen. Sie können neue kooperative Spiele erfinden. Es ist eine großartige Möglichkeit, Kinder verschiedener Altersgruppen (oder Familien) zusammenzubringen, ihnen zu ermöglichen, einander besser kennenzulernen, andere zu lehren, sich umeinander zu kümmen, verantwortlich für einander zu sein und einander zu helfen, gemeinsame Ziele zu erreichen. Wir hatten schon viele erfolgreiche kooperative Spieltage sowohl innerhalb als auch außerhalb von schulischen Umgebungen. Ich würde gern mit Ihnen einen besonders einzigartigen kooperativen Spieltag teilen, der geleitet wurde von Sally Olsen, einer Sonderschullehrerin und Mutter von drei Kindern. Sally hat kooperative Spiele in den vergangenen Jahren unbeirrbar unterstützt und lieferte den Anstoß für den ersten zweisprachigen kooperativen Familienspieltag der Welt. Ich habe sie gebeten, den Tag schriftlich zu rekonstruieren, so daß andere von ihrer Erfahrung profitieren könnten. Im folgenden können Sie ihre Antwort auf meine Bitte lesen:

„Was für ein Tag! Als wir aufwachten, war der Nebel von Ottawa so dicht, daß man nicht einmal das Ende der Einfahrt sehen konnte. Als wir im Vincent Massey Park ankamen, hätte es genauso gut regnen können, so schwer war der Tau. Aber wir schlugen unsere Zelte auf, Optimisten wie immer, und zur vereinbarten Zeit trudelten die Leute ein, und es kamen immer mehr. Wir breiteten den Fallschirm auf dem Gras aus, der auch prompt klatschnaß wurde, und die Leute versammelten sich darum herum, um mit dem Fallschirmspiel anzufangen. Wir waren kalt und feucht, aber bald siegten die körperliche Bewegung und das warme Gefühl der Kooperation mit anderen Menschen über den kalten Tag von Ottawa. Wir spielten die meisten der zwölf Spiele, die wir ausgewählt hatten, und erfanden drei weitere – alle im Geiste der Kooperation. Was für ein Tag. Wir hatten einen Riesenspaß.

Das Organisationskommittee von drei Leuten wählte mit Hilfe von Terry vierzehn der in diesem Buch beschriebenen Spiele aus, darunter:

Kooperative Reise nach Jerusalem
Bauernhof
Zeh an Zeh
Schlagen und Flitzen
Kinderknäuel
Baumstammrollen

Kooperative Reise nach Jerusalem

Klebriges Popcorn
Liebhalten
Fallschirm
Auf Zehenspitzen durch die Tulpen
Kollektive Erdumkreisung
Hop! Hop! Hoch!
Schuhrätsel
Grashüpfer

Wir wählten die obigen Spiele, da wir eine Kindergartenorganisation sind und wußten, daß wir eine Menge Vorschulkinder dabei haben würden. Wir wählten all jene Spiele, bei denen man so wenig Material wie möglich benötigt. Außer den beiden erfolgreichen und ungewöhnlichen Requisiten – dem Fallschirm und einem drei Meter großen Wetterballon – benutzten wir ein paar kleine Strandbälle und improvisierten alles übrige mit den anwesenden Leuten. Wenn wir keine Stühle hatten für Kooperative Reise nach Jerusalem, benutzten wir Leute mit einem starken Rücken, die sich nebeneinander auf allen vieren hinknieten. Wir entfernten einen Stuhl, wenn die Musik aufhörte, und der „Stuhl" stand dann auf und schloß sich den anderen Leuten an, die herumhüpften und sich auf die Stühle setzten. Wenn wir kein Netz hatten für Schlagen und Flitzen, ließen wir fünf Leute einander bei der Hand nehmen und in der Mitte des Feldes das Netz sein. Das „Netz" durfte den Ball mit dem Kopf, den Knien oder allem schlagen, das sie einsetzen konnten, ohne die Hände loszulassen. Sie bewegten sich auf dem Feld auch von einer Seite zur anderen, was das Spiel noch etwas interessanter machte.

Als wir anschließend über den Tag sprachen, meinten wir, daß die folgenden Gedanken vielleicht nützlich sein könnten für jeden, der ein ähnliches Picknick organisieren will:

Schreiben Sie die Spielregeln auf großen Plakatkarton. Zum Beispiel:

Zeh an Zeh

Höchstzahl der Spieler in einer Gruppe – eine gerade Zahl – 10, 32. Kindergartenkinder kichern die ganze Zeit bei diesem Spiel. Wie man hört sollen auch einige ältere Leute ein oder zweimal leise vor sich hingelacht haben. Die Partner strecken sich einfach auf dem Gras aus, die Füße gegeneinander, und versuchen, über das Gras zu rollen, wobei sich ihre Zehen die gesamte Zeit berühren müssen. Variationen: Versucht es nur mit den Zehen des rechten Fußes, mit den Beinen überkreuz. Versucht das Ganze barfuß – Ihr traut Euch ja nicht!

Wir schrieben die Spiele in großen Druckbuchstaben in französischer und englischer Sprache und umrahmten diejenigen Spiele rot, die wir für Vorschulkinder für am besten geeignet hielten. Wir befestigten die Plakate an Pfosten (2 cm × 5 cm × 2,50 m) mit Querlatten. Wir schlagen vor, zu Anfang nur vier Plakate aufzustellen (für Gruppen von insgesamt 80 bis 100). Reise nach Jerusalem, Kinderknäuel, Bauernhof und Fallschirm schien die Leute in Gang zu bringen. Wenn die Leute sich nach etwas Neuem umsahen, stellten wir ein weiteres Plakat auf. Es wurde einem ganz warm ums Herz, wenn man beobachtete, wie den ganzen Tag über spontan Spiele entstanden. Immer wieder tauchte irgendwo eine Klebrige Popcorngruppe auf und sprang quer über das Feld und las jedermann beim Poppen auf. Die Baumstammroller beschlossen, am Ende ihrer Spiele alle über einen Hügel zu rollen. Wir stellten fest, daß der Fallschirm und der Wetterballon sich ausgezeichnet eigneten, die Leute zu Beginn des Tages in Gang zu bringen, wenn die Gruppe klein war, und dann wieder nach dem Mittagessen, wenn sie dazu neigten, herumzusitzen und zu lange zu grübeln.

Sie können einen Fallschirm beim nächsten Fallschirmkunstspringerverein kaufen. Die Wetterballons sind zu finden über Anzeigen in Zeitschriften wie Popular Science. *Man braucht kein Helium, um die Ballons aufzublasen. Stülpen Sie den Schlauch Ihres Staubsaugers über den Auspuff, so daß die heiße Luft herausströmt und den Ballon aufbläst. Es ist besser, wenn man mehrere Ballons hat, da sie leicht platzen. Wir bliesen unsere niemals mehr als 1,50 m im Durchmesser auf.*

Wir stimmten alle darin überein, daß es besser ist, bei jedem Spiel einen Leiter zu haben – jemanden, der eine Gruppe in Gang bringen kann, aber in der Lage ist, die Leute die Sache in die Hand nehmen und Spiele anpassen oder neu erfinden zu lassen, wenn sie können. Man braucht auch einen extra Leiter für Spiele wie Ko-op Reise nach Jerusalem, wenn man Leute als Stühle benutzt – jemanden, der sicherstellt, daß sich niemand auf den Kopf des Stuhls setzt oder im Sturzflug auf seinem Rücken niederläßt. Bei Baumstammrollen stellten wir fest, daß wir jemanden brauchten, der den „Fahrgast“ in geeigneter Weise in Gang brachte und den Fahrgästen am Ende heraushalf, so daß sie nicht auf dem letzten Spieler knieten. Wir stellten auch fest, das kleinere Kinder und größere bei Baumstammrollen nicht gut zusammenpassen. Die kleineren rutschen leicht herunter, und der Fahrgast könnte unter Umständen mit seinen Knien gegen ihren Kopf stoßen.

Wir erfanden an diesem Tag drei Spiele. Die folgende Version von Schwebender Fallschirm wurde von einer Mutter weitergegeben, die es im Kindergarten mit der Gruppe ihres Kindes spielte. Man rollt den Rand des Fallschirms zusammen (damit man ihn besser festhalten kann) und zieht vorsichtig, bis der gesamte Stoff den Boden berührt, wenn er flach hingelegt wird. Versuchen Sie, jemand Großes an jeder Rippe ziehen zu lassen (die Naht bildet die Rippe) und die kleineren Kinder zwischen den Rippen. Alle hocken sich hin, und nun versuchen Sie, den Fallschirm so flach wie möglich auf den Boden zu bekommen. Ein kleines Kind geht in die Mitte und legt sich hin. Dann versuchen alle, im Fallschirm Wellen zu machen. Machen Sie die Wellen nach und nach immer größer, und dann ruft jemand mit einer lauten Simme: „Eins, zwei, drei – hoch!" Bei diesem Zeichen stehen alle auf und ziehen den Fallschirm bis in Taillenhöhe. Das Kind in der Mitte schwebt etwa 60 cm hoch. Ich bin sicher, sie denken, es sei viel höher, da der Fallschirm sich in großen Luftbergen um sie herum auftürmt. Sie werden ziemlich weich landen, und sie mögen es sehr. Vielleicht möchten Sie es mit einem Erwachsenen ausprobieren. Irgendjemand hat gesagt, es würde funktionieren, aber wir haben es nicht ausprobiert.

Es erschien mir ironisch, daß in dem Park am selben Tag zwei Sonntagsschulpicknicks stattfanden und daß sie Spiele spielten wie Tauziehen und all die anderen Wettkämpfe und Rennen, die gewöhnlich zu Picknicks gehören. Ich dachte, daß ihr Geistlicher oder Pastor ihnen wahrscheinlich gerade eine Predigt über brüderliche Liebe und gegenseitige Hilfe gehalten hatte, und da waren sie nun und setzten alles daran, einander zu schlagen. Einige wurden sogar dazu provoziert, zu pfuschen, um zu gewinnen, da sie nicht die körperliche Geschicklichkeit besaßen, um auf faire Weise zu gewinnen. Einen wieviel schöneren Tag und ein wieviel besseres Gefühl hätten sie gehabt, wenn sie kooperative Spiele gespielt hätten? Genauso viel wie bei einem traditionellen Picknick? Ja! Wir wissen, daß es bei Ihnen genauso sein wird."

Auswertung Ihres Erfolges

Wenn Sie wissen wollen, ob Kindern ein Spiel gefällt oder ob das Spiel den gewünschten Zweck erfüllt, können Sie die Kinder genau beobachten, genau ihrem gar nicht so leeren Geplapper zuhören und ihnen ein paar gezielte Fragen stellen. Informelle Beobachtungen über einen ausgedehnten Zeitraum liefern einige sehr wertvolle Informationen. Fragen, die man im Auge behalten sollte, sind zum Beispiel: Verstehen die Kinder, wie das Spiel gespielt werden soll? Werden sie angemessen gefordert (Ist das Spiel zu schwierig, zu leicht, genau richt)? Sind alle am Geschehen beteiligt? Kooperieren die Kinder, helfen sie einander, sind alle einbezogen? Nehmen sie Rücksicht auf andere? Haben sie Spaß? Sehen sie aus, als ob sie sich akzeptiert oder abgelehnt fühlen? Wie reagieren die Kinder, wenn Sie sie fragen, ob sie ein paar Spiele spielen wollen? Bitten sie Sie, dieses Spiel (diese Spiele) zu spielen?

Wichtiges Feedback kann man auch während der Spiele und hinterher bekommen in einer Vielfalt von Umgebungen (in der Turnhalle, auf dem Spielfeld, während des Picknicks, im Auto, auf dem Weg zum Umkleideraum nach einer Sportstunde, im Umkleideraum, auf dem Flur, in der Pause, in der Klasse, zu Hause und so weiter). Eltern können oft einige sehr wertvolle Kommentare liefern aus einer anderen Perspektive.

Sollte eine negative Reaktion oder ein „Problem“ auftauchen auf einem der genannten Gebiete (z.B. wenn ein Kind abgehängt wird, jemand den Ball mit Beschlag belegt, jemand einen anderen schlägt, nicht genug Bewegung in dem Spiel ist etc.), versuchen Sie, festzustellen, wo die Struktur zusammengebrochen ist, aber diskutieren Sie das Problem auch mit den Kindern. Achten Sie darauf, was nach Meinung der Kinder getan werden sollte. Dann versuchen Sie sofort, etwaige positive Vorschläge von ihrer Seite durchzuführen, so daß sie wissen, daß es sich nicht nur um eine Übung handelt ..... Sie brauchen ihre Ideen wirklich! Dasselbe Vorgehen sollte angewandt werden, wenn Sie die Kinder um konstruktives Feedback bitten, unmittelbar, nachdem Sie neu erfundene Spiele gespielt haben (meine, Ihre oder von den Kindern selbst erfundene). Probieren Sie ihre Ideen aus, je eher, desto besser.

Wenn ich einer Gruppe von Kindern eine Frage gestellt habe wie: „Wie hat Euch das Spiel gefallen“, habe ich festgestellt, daß die aggressivsten oder selbstbewußtesten Kinder – oft Jungen – auch dazu neigen, ihre Meinungen am lautstärksten zu vertreten. Jedoch repräsentieren sie oft nicht das Empfinden der übrigen Gruppe, jener, die ihre Meinung vor einer Gruppe nicht so offen äußern. Es ist deshalb wichtig, an Leute einzeln heranzutreten, ihre persönlichen Empfindungen und Vorschläge zu ergründen. Man kann dies tun, indem man mit jedem Spieler gesondert von Person zu Person spricht oder, mit einer Klasse vielleicht, indem man sie einen kurzen Fragebogen ausfüllen läßt über die Spiele, die sie gespielt haben. Ich hatte viel Erfolg mit letzterer Methode, vielleicht, weil es eine neue Erfahrung für die Kinder ist, daß Leute Kinder nach ihrer Meinung fragen. Weitere Ideen und einen Musterfragebogen siehe im Anhang A (S. 130).

Eine wichtige Perspektive, die in vielen unserer Programme oft übersehen wird, ist die Erfahrung aus erster Hand von Seiten des Spielleiters, Lehrers oder der Beurteiler. Wenn man wissen will, was unter dem großen Schildkrötpanzer geschieht, was gibt es für einen besseren Weg als darunterzukriechen? Auf diese Weise hört man nicht nur, was vor sich geht, sondern man sieht und fühlt es. Man wird Teil des Geschehens! Außerdem ist es die beste Gelegenheit, etwas von den Meistern des spielerischen Spiels zu lernen, den kleinsten Kindern.

Wie geht es weiter?

Ich hoffe, daß inzwischen klargeworden ist, wie notwendig Alternativen zu Kinderspielen sind und wie aufregend solche Alternativen sein können. Irgendwie sind wir aus dem Gleis geraten, und ich habe in diesem Buch versucht, ein paar Lösungen vorzuschlagen für die Probleme, die bereits bestehen, und Interesse zu erregen, weiterzugehen und ganz neue Spielsysteme zu schaffen. Ein einzelnes Buch kann Ihnen niemals auf alles eine Antwort geben, aber ich hoffe, daß die Leser in ihrer eigenen Richtung weitergehen werden von den bescheidenen Anfängen, die wir anbieten. Seien Sie so flexibel und einfallsreich wie die Spiele selbst.

Wir müssen zurückgreifen auf Beispiele aus anderen Kulturen und aus unserer eigenen Vergangenheit. Wir müssen mehr darüber nachdenken, moderne „unentschiedene“ Spiele zu erfinden wie Taketak. Wir müssen sanftere Spiele erfinden und mehr Spiele, bei denen Geben im Vordergrund steht. Familien und Gemeinden müssen zusammenspielen und alle Mitglieder etwas zu einem gemeinsamen Ziel beitragen. Kleine Kinder müssen ihre eigene Bedeutung spüren; ältere Kinder müssen mit jüngeren spielen. Wenn alle möglichen Leute – jung und alt, groß und klein, männlich und weiblich, schwarz, weiß und gelb – anfangen, zusammen zu arbeiten und zu spielen, werden wir anfangen, wesentliche Fortschritte in Richtung auf eine bessere Umwelt für alle zu machen.

Nachwort

Bei der Beschreibung der verschiedenen Spiele in diesem Buch habe ich in einigen Fällen mit Absicht nicht jedes einzelne Detail angegeben dazu, wann was genau zu tun ist. In einem bestimmten Umfang sind Details notwendig, um etwas in Gang zu bringen. Aber darüber hinaus können detaillierte „Regeln“ die Spiele zu starr machen, wo sie eigentlich ganz flexibel sein sollten. Außerdem habe ich Respekt vor meinen Lesern und bin sicher, daß Sie von selbst auf einige Dinge kommen können, was mich zu dem Zweck dieses Nachworts führt.

Die in diesem Buch dargestellten Spiele werden wahrscheinlich von allen möglichen Leuten in vielfältigen Umgebungen gespielt werden: auf Geburtstagsparties, auf Betriebsausflügen, in Sportstunden, Camps, Vorschulen, Schulklassen, Krankenhäusern, Therapiezentren, Erziehungsheimen, Gefängnissen und so weiter. Sie werden wahrscheinlich feststellen, daß einige Spiele außerordentlich gut funktionieren für Ihre Zwecke und andere nicht so gut. Wenn Sie einmal mit kooperativen Spielen anfangen, werden Sie mit Sicherheit einige Spiele abwandeln und neue Spiele erfinden, die den Erfordernissen Ihrer speziellen Situation entsprechen. Es wäre schade, wenn Sie Ihre Ideen und Erfahrungen nicht mit anderen teilen würden, so daß sie davon profitieren können. Wenn Sie also ein kooperatives Spiel abwandeln oder ein neues erfinden oder feststellen, daß etwas, das Sie ausprobieren, funktioniert (oder nicht funktioniert), schreiben Sie mir ein paar Zeilen. Ich würde sehr gern etwas darüber hören und werde mir alle Mühe geben, den Reichtum an Ideen zu teilen, die Ihrer kollektiven Erfahrung mit kooperativen Spielen entspringen. Auf diese Weise gewinnen wir alle. VIEL SPASS!

Terry Orlick
School of Human Kinetics and Leisure Studies
University of Ottawa
Ottawa, Ontario, Canada, K1N 6N5

Anhang A

Auswertungsmethoden

Um ein paar detaillierte Informationen und Input von den verschiedenen Spielern zu erhalten, können die folgenden offenen Beispielfragen benutzt werden entweder als Fragebogen oder in einem Interview. Wählen Sie jene Fragen aus oder wandeln Sie sie ab, die Ihnen für Ihre speziellen Erfordernisse und Altersgruppe geeignet erscheinen. Wenn Sie keine Zeit haben, alle Fragen zu stellen, benutzen Sie die Kurzform, die Fragen mit dem Stern (*).

Wenn neue Regeln eingeführt werden (zum Beispiel „Alle berühren"):

1. Wie fandest Du diese Regeln? Haben sie Dir gefallen?
2. Wieviel Spaß hat es gemacht, nach diesen neuen Regeln zu spielen, verglichen mit den üblichen Regeln?

* 3. Was war das beste an den neuen Regeln?

* 4. Was war das schlechteste an den neuen Regeln?

* 5. Was könnten wir an den neuen Regeln ändern, damit das Spiel mehr Spaß macht?

6. Meinst Du, Du würdest noch einmal nach diesen neuen Regeln spielen wollen? Wenn sich erst einmal alle daran gewöhnt haben?

Wenn neue *Spiele* eingeführt werden (zum Beispiel Baumstammrollen):

1. Wie fandest Du das Spiel? Hat es Dir gefallen?
2. Wer hat gewonnen? Hast Du gewonnen oder verloren?
3. Hast Du geholfen, das Ziel des Spiels zu erreichen? Wenn ja, wie?

* 4. Was hat Dir an dem Spiel am besten gefallen?

* 5. Was hat Dir an dem Spiel am wenigsten gefallen?

6. Hast Du irgendwelche Ideen, wie das Spiel mehr Spaß machen kann? Oder wie man es verbessern könnte?
7. Würdest Du es gern noch einmal spielen?

Wenn ein neues Spielprogramm kurz vor dem Abschluß steht (zum Beispiel nach acht Wochen kooperativen Spiels):

* 1. Wie fandest Du die neuen Spiele?
2. Haben sie Dir gefallen?
3. Was hat Dir an den Spielen am besten gefallen?
4. Was hat Dir an den Spielen am wenigsten gefallen?
5. Bist Du, während Du die Spiele gespielt hast, normalerweise glücklich oder traurig gewesen?
* 6. Welches der neuen Spiele hat Dir am besten gefallen? Warum?
* 7. Welches der neuen Spiele hat Dir am wenigsten gefallen? Warum?
8. Hattest Du das Gefühl, daß Ihr einander in den neuen Spielen geholfen habt?
9. Hattest Du jemals das Gefühl, daß Du in den neuen Spielen verloren hast? Wenn ja, (a) wann und (b) wie oft? Wenn nicht, warum nicht?
10. Hast Du in gewöhnlichen Spielen jemals das Gefühl zu verlieren? Wenn ja, (a) warum und (b) wie oft? Wenn nicht, warum nicht?
* 11. Siehst Du irgendwelche Möglichkeiten, wie man die neuen Spiele verbessern kann?
12. Siehst Du irgendwelche Möglichkeiten, wie man gewöhnliche Spiele verbessern kann?
13. Wenn Du in Turnstunden (auf einem Picknick, an Spieltagen usw.) spielen könntest, was Du wolltest, was für eine Art von Spielen würdest Du spielen?
14. Würdest Du irgendwelche speziellen Regeln haben?

Bei den jüngsten Spielern ist ein einfacher Weg, festzustellen, ob man Erfolg hatte, Bilder zu benutzen, wie lächelnde und traurige Gesichter, um Gefühle anzuzeigen. Sofort im Anschluß an das Spiel machen die Spieler einfach ein Zeichen unter das Gesicht, das ihre Gefühle am ehesten angibt. Bei Kindergartenkindern benutzen wir drei Gesichter (glücklich, dazwischen, traurig); bei einigen behinderten Gruppen nur zwei Gesichter (glücklich, traurig); ältere Gruppen reagieren auf eine Auswahl von fünf Gesichtern.

Anhang B

Integrierte Entwicklungsspiele

Die folgenden Spiele waren ursprünglich bestimmt für eine Gruppe von Kindern im Alter von sechs bis neun, die sich sehr gern bewegten, aber große Schwierigkeiten dabei hatten, passiv herumzusitzen. Diese Kinder waren als „lernbehindert" eingestuft worden und befanden sich in einer Sonderklasse. Die Spiele zielten darauf ab, für aktive, integrierte Entwicklung auf sozialem, akademischem und körperlichem Gebiet zu sorgen.

Ein wichtiger Punkt, den man bei der Planung oder beim Einsatz aktiver Spiele zur Entwicklung intellektueller, kognitiver und perzeptiv-motorischer Fertigkeiten im Auge behalten muß, ist, eine gewisse kooperative Komponente einzubauen, um auch soziale und psychologische Entwicklung zu ermöglichen.

- *Summenspiel.* Ein Haufen mit Bohnenbeuteln liegt am einen Ende der Turnhalle. Die Kinder stehen in Vierergruppen am anderen Ende. Der Lehrer ruft eine Zahl (z. B. „sieben"), und jede Gruppe rennt zu den Bohnenbeuteln und kommt mit der korrekten Anzahl zurück. Jedes Kind muß mindestens einen Bohnenbeutel tragen. Die Kinder bestimmen selbst, wieviele Beutel jeder aufheben muß, um die Aufgabe richtig zu lösen. Wenn die Kinder die passende Zahl von Beuteln haben, rennen sie alle zur Tafel am anderen Ende der Halle, steigen auf eine Bank, um an die Tafel zu kommen, und jeder schreibt die Zahl von Beuteln an, die er aufgehoben hat. Dann fügen sie das richtige Zeichen für Addition hinzu und arbeiten zusammen, um alles zu addieren. Das Spiel fördert die Notwendigkeit von Aufmerksamkeit gegenüber Anweisungen, Zählen, Addition, Rennen, Hochsteigen und Gruppeninteraktion.

● *Zielscheibenwerfen.* An verschiedenen Punkten an der Wand werden kreisförmige Zielscheiben mit zwei Ringen angebracht, eine für je zwei Kinder. Die Kinder arbeiten in Paaren, einer wirft die Bälle, einer holt sie wieder zurück. Der Werfer hat fünf Würfe auf die Zielscheibe. Wenn er die Wand oder den Fußboden trifft, erhält er einen Punkt; wenn er den großen äußeren Kreis an der Wand trifft, erhält er zwei Punkte, wenn er den kleineren inneren Kreis trifft, bekommt er drei Punkte. Jedes Kind behält seine eigene Punktzahl im Kopf, und nach fünf Würfen läuft es zur Tafel und schreibt seine Punkte an. Wenn beide Partner geworfen haben, arbeiten sie zusammen an der Addition ihrer beiden Punktzahlen oder an der Errechnung der Gesamtpunktzahl der Gruppe. Sie können dann zu den Zielscheiben zurückkehren und versuchen, ihre kollektive Wertung zu erhöhen. Dieses Spiel schult Fertigkeiten im Werfen, Zurückholen von Bällen für den Partner, kurzzeitiges Behalten von Zahlen, Addition und das Konzept der kollektiven Wertung.

● *Goldtopf.* Ein Topf (Pappkarton) mit Goldsäckchen (Bohnenbeuteln) steht an dem einen Ende der Halle. Die Kinder wissen, wieviele Goldsäckchen in ihrem Topf sind, den sie mit ihrer kleinen Gruppe teilen. Die Kinder entscheiden dann über ein Objekt, das sie gerne „kaufen" würden (z.B. eine Schaufel), und der Goldgräber (Lehrer) sagt ihnen den Preis (d.h. die Zahl der Bohnenbeutel). Dann laufen die Gruppen gemeinsam zu dem Topf und holen das notwendige Gold heraus. Jedes Kind muß mindestens ein Stück tragen. Durch Subtraktion müssen sie dann herausfinden, wieviel Gold in dem Topf übrig ist. Wenn sie wissen, wieviel Gold übrig ist, laufen sie zum anderen Ende der Halle und sagen es dem Goldgräber. Wenn sie recht haben, legen sie das Gold in ihren Topf zurück und beginnen ein neues Spiel, indem sie einen anderen Gegenstand auswählen, den sie kaufen wollen. Das Spiel beinhaltet das Konzept der Subtraktion und das der gemeinsamen Beteiligung an einem Laufspiel.

● *Buchstabierball.* Die Kinder teilen sich in Paare auf, jedes Paar teilt sich einen Ball. Die Paare versuchen dann, die Buchstaben des Alphabetes durchzugehen, während sie den Ball hin und her werfen. Wenn ein Kind den Ball an seinen Partner weitergibt, ruft es den nächsten Buchstaben. Nach demselben Verfahren kann man jeweils den Namen des anderen buchstabieren, Tiernamen, Farben und so weiter. Wenn ein Kind nicht sicher ist in bezug auf den nächsten Buchstaben, kann sein Partner ihm einen Tip geben, indem er die Umrisse des Buchstaben in die Luft malt. Die Art des Balles und des Zuwerfens läßt sich variieren.

In einer fortgeschritteneren Version dieses Spiels für ältere Kinder spielen zwei Teams, eins auf jeder Seite eines Netzes, ein Buchstabierspiel nach Volleyballart mit einem Ballon oder einem Strandball. Zuerst entscheiden die beiden Teams, welches Wort sie buchstabieren wollen. Wenn der Ball über das Netz geht, bildet das ganze Team, das den Ball geworfen hat, schnell den ersten Buchstaben mit dem Körper. Wenn der Ball zurückgeworfen wird, bildet das ganze Team auf der anderen Seite den zweiten Buchstaben, und so weiter, bis das ganze Wort fertig ist. Die Teams können den Ball entweder fangen oder sofort zurückschlagen.

Buchstabierspiele lassen sich auch unterwasser spielen. Ein Team entscheidet über ein Wort, und jeder einzelne ist für einen bestimmten Buchstaben verantwortlich. Die Spieler tauchen dann auf den Grund des Schwimmbeckens und schreiben ihren Buchstaben auf eine Unterwasserschreibtafel. In solchen Spielen kann man Wörter einführen, die Themen der Kooperation und Freundschaft repräsentieren.

- *Was tue ich?* Kleine Gruppen von Kindern beobachten, wie der Lehrer eine Handlung vormacht (springen, hüpfen usw.). Die Kinder überlegen sich dann ein Wort, das zu der Handlung paßt, machen in einer Gruppe von Buchstabenkarten, die auf dem Boden verteilt liegen, die Buchstaben ausfindig, die zum Schreiben des Wortes notwendig sind, bringen die Buchstaben in die richtige Reihenfolge und schreiben das Wort an die Tafel, wobei jedes Kind in der Gruppe für einen Buchstaben verantwortlich ist. Dann bewegt sich die ganze Gruppe gemeinsam durch den Raum und führt aus, was das Wort bedeutet.

- *Buchstabiersport.* Die Kinder teilen sich auf in Teams von vier bis neun. Für jedes Team stehen zwei Sätze mit Buchstabenkarten zur Verfügung. Die Teams stellen sich an dem einen Ende des Raumes auf; die Karten mit den Buchstaben, die auch einen Punkt und ein Ausrufungszeichen enthalten, liegen am anderen Ende des Raumes verstreut. Der Lehrer ruft den Namen einer Sportart oder gibt Anhaltspunkte zu dem zu buchstabierenden Wort (z.B. wird auf einer Matte gespielt, man braucht zwei Leute, Spiel mit Körperkontakt, Wort mit neun Buchstaben). Jedes Team hat dann eine Minute Zeit, um sich eine Strategie zu erarbeiten, ehe es zu seinem Satz mit Buchstaben rennt. Jeder Spieler muß einen Buchstaben aufheben und zur Startlinie zurückkehren. Dann buchstabiert das ganze Team das gegebene Wort, indem es sich in der richtigen Reihenfolge aufstellt.

Dieses Spiel führt zu Kooperation zwischen den Teammitgliedern, aber nicht zwischen verschiedenen Teams, wenn mehrere Teams existieren. Um Kooperation unter *allen* Teilnehmern zu gewährleisten, können verschiedene Teams zusammenarbeiten und eine Wortfolge oder einen Satz buchstabieren. Die Wörter können dem Alter und der Größe der Gruppe angepaßt werden. Bestimmte Spieler müssen vielleicht mehr als einen Buchstaben holen, aber jeder Spieler muß immer mindestens einen Buchstaben haben.

Hier ist eine Variation für jüngere Kinder: Plazieren Sie eine Serie mit numerierten Karten am Ende des Raumes. Jedes Kind läuft hinunter, um eine Zahl zu holen. Die Kinder ordnen sich dann in numerischer Reihenfolge an, aufsteigend oder absteigend.

Kooperative Spiele zur perzeptiv-motorischen Entwicklung

Die folgenden Spiele veranschaulichen, wie kooperative soziale Interaktion und perzeptiv-motorische Entwicklung in dieselbe Aktivität integriert werden können.

- *Ko-op Nachmalen.* Diese Aktivität verbessert die Auge-Hand-Koordination der Kinder und die Fähigkeit zum senkrechten Springen in einer Situation, die Kooperation in der Gruppe fördert. Die Kinder werden in Vierergruppen aufgeteilt, nach Möglichkeit mit unterschiedlicher Körpergröße. Man malt die Umrisse verschiedener geometrischer Formen auf Papier und heftet die Bilder an eine Wand, etwas höher, als der Arm der Kinder reichen kann, was erforderlich macht, daß die Kinder hochspringen, um die Zeichnung zu markieren. Die Kinder werden gebeten, ihren Zeigefinger in einen Topf mit dicker Farbe zu stecken, einen Punkt auf dem Umriß der Zeichnung zu wählen, hochzuspringen und diesen Punkt mit dem bemalten Finger zu markieren. Abwechselnd springend und markierend deckt das Team den gesamten Umriß der Form ab. Jede Gruppe kooperiert, da die Kinder, die höher springen können, verantwortlich werden für das Markieren der oberen Grenzen der Zeichnung, und die Kinder, die nicht so hoch springen können, füllen die Seiten und die Grundlinie der Figur. Dieser Nachmal-Ansatz läßt sich abwandeln, um die fundamentalen Begriffe des Druckens einzuführen (z.B. Kreise und Linien zu machen, die am Ende Buchstaben bilden werden).

- *Matilda.* Dieses Spiel war dazu bestimmt, die Bewußtheit der Kinder von Körperteilen zu vergrößern und das Konzept der Rechts- und Linksorientierung zu entwickeln, wie es sich auf den Körper eines anderen Menschen bezieht. Der Lehrer fungiert als Puppenspieler und ein Kind oder ein Assistent als Matilda, die Puppe. Den Kindern wird gesagt, daß Matilda sich gerade fertigmacht, um auszugehen, und all ihre Hilfe braucht, um sich warm und richtig anzuziehen. Der Puppenspieler erörtert die Kleidungsstücke, die Matilda brauchen wird, um sich warm zu halten, und gibt einen Überblick über die verschiedenen Körperteile, die bekleidet werden müssen. Andere Gegenstände, die Matilda braucht, um in ihrer täglichen Routine zu funktionieren, werden ebenfalls erwähnt. Während der Lehrer auf diese Gegenstände hinweist, wird ein Kind gebeten, nach vorn zu kommen und den Gegenstand bei Matilda anzubringen. Der Puppenspieler könnte sagen: „Hier sind Matildas Schlüssel. Sie braucht sie, um die Tür abzuschließen. Sie steckt sie in die rechte hintere Tasche ihrer Hose.“ Dann wird ein Kind gebeten, die Schlüssel in Matildas hintere Tasche zu stecken. Vielleicht braucht Matilda auch „warme Socken zum Anziehen, ehe sie nach draußen spielen geht, eine an ihrem rechten Fuß und eine an ihrem linken Fuß.“ Für rechte und linke Kleidungsstücke wie Socken, Handschuhe und Schuhe können zwei Kinder nach vorn kommen und Matilda gemeinsam anziehen, wobei sie angeben, welchen Arm, welches Bein, welche Hand oder welchen Fuß sie gerade anziehen. Wenn Matilda ganz angezogen ist und ihre Uhr, ihren Ring, ihre Brieftasche, ihren Busfahrschein und so weiter an der richtigen Stelle hat, wiederholt der Puppenspieler mit den Kindern jeden Gegenstand und wo er plaziert worden ist. Dieser Puppe-Puppenspieler-Ansatz verstärkt die Spaßkomponente und die Komponente des Helfens außerordentlich beim Lernen in bezug auf Seitenzugehörigkeit und Körperteile. Bei größeren Gruppen kann man mehr als eine Puppe benutzen. Um die aktive Komponente zu verstärken, können Kinder von einem Ende der Turnhalle zum anderen rennen, um Matilda anzuziehen. Es ist auch möglich, daß alle Kinder die Puppe oder die Puppen gleichzeitig anziehen, wobei jedes für einen anderen Gegenstand verantwortlich ist.

Kooperative dynamische Balanceaktivitäten

Diese Aktivitäten sind eingeführt worden, um die Bewußtheit von der Wirkung und der Richtung der Schwerkraft zu entwickeln und die Kinder zusammenarbeiten zu lassen, um eine verbesserte Wahrnehmung zu gewinnen von ihrem Körper in Beziehung zu sich selbst, zu anderen Menschen und der Umwelt. Bei einigen der Spiele ist es besonders wichtig, sicherzustellen, daß die Spieler stets sorgfältig „beobachtet“ werden von anderen Spielern und Spielleitern für den Fall, daß sie vielleicht hinfallen. Einige Beispiele für diese Aktivitäten werden im folgenden umrissen.

Fortschritte im Balancieren vom Boden zum Schwebebalken

1. Tablettbalancieren auf dem Fußboden

Jedes Paar erhält ein Brett oder Tablett mit einem Block darauf. Jedes Kind hält ein Ende des Brettes fest, und sie laufen gemeinsam über den Boden der Halle, wobei ein Kind vorwärts und das andere rückwärts läuft. Die Kinder versuchen, die Richtung umzukehren, ohne an die Wand zu stoßen.

2. Tablettbalancieren auf dem Schwebebalken

Die beiden Kinder wiederholen den obigen Vorgang auf einem breiten Brett oder einem Schwebebalken, je nach ihren Fähigkeiten. Die Kinder werden dazu aufgefordert, ihren Partner zu warnen, wenn sie sich dem Ende des Balkens nähern oder sich anschicken, die Richtung zu wechseln.

Fortschritte auf dem Schwebebalken

3. Stabbalancieren auf dem Balken

Den Kindern werden zwei lange Stöcke oder Stäbe gegeben, die sie halten, als ob es sich um eine Tragbahre handelte. Über die beiden Stäbe wird ein dritter gelegt. Die Kinder versuchen, über den Balken zu balancieren, ohne den dritten Stab herunterfallen zu lassen. Man kann auch einen Ball auf die beiden Stäbe legen.

4. Einen Gegenstand auf dem Balken zwischen den Körpern balancieren

Zwei Kinder stecken ein Kopfkissen zwischen ihre Köpfe oder einen Stab zwischen ihre beiden Körper. Dann versuchen sie, über den Balken zu gehen, ohne den Gegenstand mit den Händen zu berühren. Der Gegenstand wird durch beidseitig angewandten Druck gehalten. Um dies mit Erfolg zu tun, bedarf es genauer kontinuierlicher Bewußtheit der anderen Person. Wenn die Partner sich nicht synchron bewegen, fällt entweder der Gegenstand herunter oder ein Kind bringt das andere aus dem Gleichgewicht.

- *Schräger Spaß.* Zwei parallele Bänke werden sicher gegen ein Klettergerüst oder eine Sprossenwand gestützt, so daß sie leicht abgeschrägt sind. Zuerst werden die Kinder gebeten, auf der schrägen Bank vorwärts und dann rückwärts zu gehen, während ihr Partner sie beobachtet. Dann halten zwei Kinder sich an der Hand und laufen nebeneinander auf den beiden schrägen Bänken entlang, zuerst vorwärts und dann rückwärts. Dann drehen sie sich, blicken einander an und gehen seitwärts auf den beiden Bänken auf und ab, wobei sie einander bei der Hand halten. Dieses Seitwärtsgehen wird wiederholt, während die Kinder einen Ball zwischen zwei Stöcken balancieren und sich die Bänke auf und ab bewegen.

In einer fortgeschritteneren Version können die Kinder einen Ball hin und her werfen, während sie die Bänke auf und ab steigen. Es können sich auch zwei Kinder gegenüberstehen, einander an der Hand halten und auf *einer* schrägen Bank auf und ab gehen, wobei einer vorwärts und der andere rückwärts geht. Bei der am weitesten fortgeschrittenen Version können zwei Kinder zu Beginn an den entgegengesetzten Enden derselben schrägen Bank stehen, aufeinander zu gehen und sich in der Mitte der Bank treffen. Dann versuchen die Kinder, eine kooperative Methode zu entwickeln, um aneinander vorbeizugehen, so daß jedes Kind seinen Weg die Bank hoch bzw. hinunter fortsetzen kann. Wir versuchen, zu verbaler Kommunikation anzuspornen, und spornen die Kinder auch dazu an, phantasievolle Geschichten dazu zu erfinden, warum sie die Brücke überqueren müssen, ohne herunterzusteigen.

- *Quer über die Wippe.* Zwei Bänke werden rechtwinklig zueinander aufgestellt, wobei die eine Bank auf der anderen balanciert wie bei einer Wippe (Bänke, die in ihrem Unterteil einen Querbalken haben, sollten nicht benutzt werden, da sie oft nicht richtig balancieren). Jedes Kind geht von einem Ende der oberen Bank zum anderen. Zu Anfang berührt das eine Ende der Bank den Boden, am Schluß das andere (wie bei einer Wippe). Zwei Kinder können Hilfestellung leisten und das balancierende Kind an der Hand halten, während es über die Bank geht.

Als Variation können zwei Kinder versuchen, sich so an beiden Enden der oberen Bank (Wippe) zu plazieren, daß sie balanciert. Eine schwierigere Version für versierte Spieler beginnt damit, daß je ein Kind an den beiden Enden der oberen Bank steht oder kniet. Beide Kinder versuchen nun, sich über die Bank zum anderen Ende zu bewegen, während sie die Bank im Gleichgewicht halten. Da zwei Kinder auf derselben Bank balancieren, müssen sie kooperieren und sich einen Weg ausdenken, wie sie sich über eine wippende Bank bewegen und auf der Bank aneinander vorbeigehen können, um das andere Ende zu erreichen. Zu Anfang ist es vielleicht notwendig, einen Partner, der auf dem Boden geht, an der Hand zu halten, oder irgendeine andere Form der Hilfestellung.

Hinweise auf kanadische und amerikanische Literatur

Wenn Sie nach ein paar weiteren kooperativen Spielen oder Spielen, die niemand verliert, suchen, empfehle ich, die folgenden Schriften zu lesen:

For the Fun of It: Selected Cooperative Games for Children and Adults (1975), von Marta Harrison und dem Non Violence and Children Program. Schreiben Sie an Non Violence and Children, Friends Peace Committee, 1515 Cherry Street, Philadelphia, Pennsylvania, 19102 USA, und bitten Sie um Exemplare.

All Together: A Manual of Cooperative Games (1950), von Theo F. Lentz und Ruth Cornelius. Schreiben Sie an Peace Research Laboratory, 6251 San Bonita, St. Louis, Missouri, USA.

Cooperative Games: For Indoors and Out (1974), von Jim Deacove. Schreiben Sie an Family Pastimes, RR # 4, Perth, Ontario, Canada K7H 3C6.

Learning through Noncompetitive Activities and Play (1977), von Bill und Dolores Michaelis. Schreiben Sie an Learning Handbooks, 530 University Avenue, Palo Alto, California 94301, USA.

Bezüglich einer Sammlung zusätzlicher „neuer Spiele“, von denen einige wunderbar kooperativ sind, andere nicht, verweise ich Sie auf:

The New Games Book (1976), herausgegeben von Andrew Fluegelman. Schreiben Sie an die New Games Foundation, P.O. Box 7901, San Francisco, California 94120, USA.

Wenn Sie ein Kind haben, das an irgendeinem organisierten Sport (wie Baseball, Fußball, Hockey, Schwimmen usw.) teilnimmt, rate ich Ihnen ihm zuliebe dringend, das folgende Buch zu lesen:

Every Kid Can Win (1975), von Terry Orlick und Cal Botterill. Schreiben Sie an Nelson Hall Publishers, 325 West Jackson Boulevard, Chicago, Illinois, 60606, USA.

Wenn Sie wirklich die Tiefe des Konkurrenzproblems in unserer Gesellschaft verstehen wollen und die vielen Möglichkeiten zu positiven Lösungen (um Ihrer eigenen geistig-seelischen Gesundheit und der unserer Kultur willen), lesen Sie *Winnung through Cooperation: Competitive Insanity, Cooperative Alternatives.* Dieses Buch eröffnet einen sehr gründlichen Blick auf kooperative Strukturen (einschließlich Spiele), kooperative Kulturen, kooperative Werte und viele konstruktive Mittel zur Verbesserung der Qualität unseres Lebens.

Weitere interessante verwandte Werke

Cratty, B.J. *Learning About Human Behavior Through Active Games.* Englewood Cliffs, N.J.: Prentice Hall, 1975.

Dauer, V.P., and Pangrazi, R.P. *Dynamic Physical Education for Elementary School Children.* Minneapolis: Burgess Publishing Company, 1975.

"Games Teaching." *Journal of Physical Education and Recreation.* Special feature on games for elementary school children, September 1977.

Mauldon, E., and Redfern, H.B. *Games Teaching: A New Approach for the Primary School.* London: Macdonald and Evans, 1969.

Morris, G.S. *How to Change the Games Children Play.* Minneapolis: Burgess Publishing Company, 1976.

Orlick, E., and Mosley, J. *Teacher's Illustrated Handbook of Stunts.* Englewood Cliffs, N.J.: Prentice Hall, 1963.

Schneider, T. *Everybody's a Winner: A Kids' Guide to New Sports and Fitness.* Boston: Little Brown and Co., 1976.

Wenn jüngere Kinder kooperative Spiele spielen, empfehle ich folgende Schallplatte:

"Singable Songs for the Very Young" (1976), Sung by Raff; Troubadour Records (TRß002-C 1), Box 371, Station 2, Toronto, Ontario, M5N 2Z5.

Sachregister